BIBLIOTHÈQUE
DES MERVEILLES

PUBLIÉS SOUS LA DIRECTION

DE M. ÉDOUARD CHARTON

LES PARCS
ET
LES JARDINS

OUVRAGES DE M. ANDRÉ LEFÈVRE

Les Merveilles de l'Architecture, 5ᵉ édition. (Hachette et Cⁱᵉ.)

La Flute de Pan, poésies, 2ᵉ édition. (Hetzel.)

La Lyre intime, poésies. (Hetzel.)

L'Épopée terrestre, poésies. (Marpon.)

Les Bucoliques de Virgile, vignettes de Leloir. (Quantin.)

De la Nature des Choses, traduction complète en vers du poème de Lucrèce. (Fischbacher.)

Religions et Mythologies comparées, 2ᵉ édition. (E. Leroux.)

Études de Linguistique et de Philologie. (E. Leroux.)

La Philosophie. (Reinwald.)

L'Homme a travers les ages. (Reinwald.)

La Renaissance du Matérialisme. (O. Doin.)

Histoire de la Ligue des droits de Paris. (Charpentier.)

Les Contes de Perrault, texte de 1697, Introductions, Notices, Variantes, etc., 1 vol. in-16. (Jannet-Picard.)

Les Lettres persanes, de Montesquieu, dernier texte revu par l'auteur, Notes, Variantes, Index. 2 vol. in-16. (Jannet-Picard.)

Chefs-d'œuvre de Diderot. 4 vol. in-16. (Jannet-Picard.)

Dialogues de Voltaire, Introductions, Notes, Index philosophique 3 vol. in-16. (Jannet-Picard.)

5663. — Imp. A. Lahure, 9, rue de Fleurus, à Paris

BIBLIOTHÈQUE DES MERVEILLES

LES PARCS
ET
LES JARDINS

PAR

ANDRÉ LEFÈVRE

OUVRAGE ILLUSTRÉ DE 29 VIGNETTES

PAR ALEXANDRE DE BAR

TROISIÈME ÉDITION
REVUE ET AUGMENTÉE PAR L'AUTEUR

PARIS
LIBRAIRIE HACHETTE ET Cie
79, BOULEVARD SAINT-GERMAIN, 79

1882

Droits de propriété et de traduction réservés

A LA MÉMOIRE

DE

PAUL BAVANT

QUI M'AIDA DE SES NOTES ET DE SES SOUVENIRS

CHAPITRE PREMIER

LA GRÈCE ANTIQUE ET L'ORIENT

Le Verger d'Alcinoüs.

I

Vergers d'Alcinoüs et de Laërte. — Bois sacré de Diane. — Jardins d'Épicure. — Daphnis et Chloé. — Antioche. — Leucippe et Clitophon.

Après avoir soumis le règne animal, l'homme eut à dompter la terre, à apprivoiser la végétation. « Nécessité l'ingénieuse » donna naissance à l'humble verger que le loisir et la richesse transformèrent plus tard et par degrés en jardins et en parcs magnifiques.

« Hors de la cour, près des portes, est un vaste verger de quatre mesures; de toutes parts une haie l'entoure, et des arbres d'une riche sève y croissent chargés des plus beaux fruits : de poires, de grenades, de magnifiques pommes, de douces figues et d'olives verdoyantes. Jamais ils ne chôment ; ni l'hiver, ni les longues chaleurs d'été ne leur nuisent. Toujours le souffle de Zéphyre fait mûrir les uns tandis que les autres se forment. A la poire flétrie succède la poire nouvelle, la pomme remplace la pomme, la figue une autre figue et la grappe une autre grappe. Sur les rameaux de la vigne féconde qu'on a plantée, les raisins sont à la fois desséchés au soleil dans un lieu aplani, dégagé de feuillage, ou cueillis, ou pressurés ; à côté du raisin à peine hors de fleur, se colore le raisin déjà mûr. Enfin, à l'extrémité de l'enclos, un potager abonde toute l'année en légumes divers. Deux fontaines répandent leurs ondes : l'une au travers du jardin entier, l'autre sous le seuil de la cour, devant le superbe palais, et les citoyens viennent y puiser. »

Tel était le jardin merveilleux d'Alcinoüs. Je le vois d'ici, sous mes fenêtres, sauf que notre climat moins doux admet à peine les figuiers et se refuse aux grenades et aux olives. Au pied de la maison royale, ornée de colonnes doriques en bois, une claire fontaine alimente un bassin et, d'un de ses bras laissé libre, traverse, enveloppe et fertilise le grand clos en pente, carrément dessiné par sa haie vive et les allées qui marquent ses divisions intérieures. En haut, sous le palais, est le bocage d'arbres fruitiers protégeant le vignoble que le penchant du coteau présente tout entier au soleil. Le potager est dans le vallon, sur les deux bords peut-être du lit où la fontaine assemble et ralentit ses eaux. Il n'y a même pas de fleurs, ou le poète les oublie. Comme Alcinoüs, il met tout le charme des jardins dans l'utilité. C'est ce que nous verrons mieux encore si nous entrons avec Ulysse dans la villa de Laërte :

« Cependant, Ulysse et ses compagnons s'éloignent de la ville et parviennent bientôt au superbe verger de Laërte, que jadis ce héros acquit lui-même de ses richesses, après avoir déjà souffert bien des maux. Là s'élève sa demeure, entourée de toutes parts d'un portique, où les captifs qui cultivent son domaine prennent la nourriture et le repos... Ulysse... s'enfonce dans le fertile verger. Le héros descend le grand vignoble, et ne trouve ni Dolios, ni ses fils, ni les autres captifs. Dolios les a tous conduits au loin, et ils assemblent des épines pour servir de haies à l'enclos. Ulysse trouve donc son père seul, bêchant dans le verger le pied d'un arbre. Laërte est revêtu d'une tunique sordide, rapiécée; autour de ses jambes il a lié, pour se préserver des écorchures, des cnémides en cuir recousues; des gants défendent ses mains, et sa tête est couverte d'un casque de peau de chèvre, qui met le comble à son lugubre aspect.

Il se dirige vers lui au moment où, la tête baissée, il creuse une fosse au pied d'un arbre, et lui dit : « O vieillard, tu n'es point inhabile à cultiver ces enclos. Quels soins attentifs! comme ces oliviers, ces figuiers, ces poiriers, ces vignes, sont merveilleusement entretenus! Le moindre carré de terre témoigne de ta vigilance. »

Ainsi, lorsque la paix ou la vieillesse leur faisait des loisirs, les anciens rois prenaient la bêche et guidaient leurs serviteurs. Salomon, comme Laërte, semble avoir travaillé lui-même aux embellissements du domaine qu'il appelait sa maison du Liban : « Je me suis fait, dit-il, des jardins et des vergers, et j'y ai planté toutes sortes d'arbres fruitiers. Je me suis fait des réservoirs d'eau pour en arroser le parc planté d'arbres. »

Après avoir disposé des jardins autour de sa demeure, l'homme en consacra aux dieux. Les Grecs entourèrent leurs temples de bois sacrés. Rien de mieux approprié au caractère des dieux antiques, sortis, aux yeux de l'homme, des divers phénomènes de la nature, lorsque nos ancêtres, à demi errants, cherchaient encore leur chemin à travers les forêts primitives. Puis, compagnons et frères de l'homme, ne devaient-ils pas avoir comme lui leurs jardins et leurs ombrages? Le vieil Hérodote et après lui tous les auteurs, jusqu'à Lucien, Apulée ou Pétrone, décrivent en passant des bois sacrés qui se rapprochent de nos parcs. L'un des plus remarquables et des plus anciennement signalés était l'enclos consacré à Diane par Xénophon, auprès d'Olympie; Xénophon, l'un des disciples les plus fameux de Socrate et l'un des plus habiles généraux de la Grèce, avait acheté ce terrain avec une part du butin attribuée à Diane. Le pays était traversé par le Sélénus, homonyme du fleuve qui coule à Éphèse, la ville de Diane par excellence; la destination du lieu était donc tout indiquée. Dans l'enceinte, fort vaste, étaient compris des bocages et des collines boisées où l'on élevait des porcs, des chèvres, des bœufs et des chevaux. Autour du temple même, Xénophon planta un verger riche en fruits de toutes saisons.

La Grèce proprement dite ne renfermait guère de merveilles en fait de jardins. Tout l'art se portait sur l'architecture et la statuaire, et se préoccupait bien plus de l'homme que de la nature. Il faut ajouter que l'espace en général manquait aux États et aux villes aussi bien qu'aux particuliers. Le sol aride et pauvre de l'Attique n'admettait que des quinconces ou des allées de platanes, d'ormes, de figuiers. Tels étaient les ornements et l'aspect des palestres et des gymnases où les adolescents exerçaient leur force et leur adresse, de l'Académie et du Lycée, où les plus illustres philosophes se promenaient avec leurs disciples. On a vanté les jardins d'Épicure, à la fois riants et calmes comme son génie; ils servirent de modèle; mais on ne sait s'ils modifièrent les alignements simples et les divisions carrées généralement adoptés par l'antiquité grecque.

Les plus beaux jardins de la Grèce se trouvaient sans doute dans l'Archipel. Les formes tourmentées de la terre dans les îles volcaniques et les perspectives de la mer, qui ne lassent jamais les yeux, ajoutaient à la grâce des verdures diverses et à l'éclat des fleurs. Les enclos y demeuraient toujours carrés; mais les accidents du sol en corrigeaient les lignes régulières. Là, comme dans les vergers d'Alcinoüs et les *paradis* de la Perse, il y avait des centaines d'arbres fruitiers de toute espèce et de tout feuillage, des vignes suspendues aux pommiers et aux poiriers; on voyait aussi des cyprès, des lauriers, des platanes, des pins enlacés de lierres dont les grappes semblaient faire pendant aux raisins. Les arbres stériles qui bordaient, en dedans, le mur d'enceinte mesuraient le vent au verger et aux parterres. Les fleurs sauvages, violettes, narcisses, glaïeuls, se mêlaient aux bosquets de roses cultivées, aux jacinthes et aux lis. Une source, qu'on pouvait appeler la fontaine des fleurs, arrosait le parterre. Juste au milieu du parc, à l'endroit où se coupaient la longueur et la largeur, Bacchus ou quelque autre dieu avait un temple couvert de vigne et un autel environné de lierre. Du tertre où s'élevait le rustique sanctuaire, la vue s'étendait sur la plaine animée de troupeaux

Jardin antique dans l'Archipel grec.

et de bergers, ou se reposait agréablement sur la mer aux côtes dentelées, suivant sans peine les barques de pêche et celles qui regagnaient le port. (*Daphnis et Chloé*).

C'est en Syrie que le mélange du goût oriental et du goût hellénique, favorisé par des sites aussi fertiles que pittoresques, environna de jardins magnifiques les riches cités des Séleucides. Ceux d'Antioche étaient renommés entre tous. La nature avait fait pour eux ce que l'art veut essayer à Paris même, aux buttes Chaumont.

« L'enceinte, gravissant des rochers à pic par un vrai tour de force d'architecture militaire, embrassait le sommet des monts, et formait avec les rochers, à une hauteur énorme, une couronne dentelée d'un merveilleux effet.... Il en résultait de surprenantes perspectives. Antioche avait, au dedans de ses murs, des montagnes de sept cents pieds de haut, des rochers à pic, des torrents, des précipices, des ravins profonds, des cascades, des grottes inaccessibles; au milieu de tout cela, des jardins délicieux. Un épais fourré de myrtes, de buis fleuri, de lauriers, de plantes toujours vertes et du vert le plus tendre, des rochers tapissés d'œillets, de jacinthes, de cyclamens, donnent à ces hauteurs sauvages l'aspect de parterres suspendus. La variété des fleurs, la fraîcheur du gazon, composé d'une multitude inouïe de petites graminées, la beauté des platanes qui bordent l'Oronte, inspirent la gaîté, quelque chose du parfum suave dont s'enivrèrent les beaux génies de Jean Chrysostome, de Libanius, de Julien. » (Ernest Renan.)

Enfin, on peut se faire une idée de la végétation luxuriante et de la décoration des jardins grecs aux temps de la domination romaine, par les peintures des romanciers. Ils avaient peu changé depuis le verger d'Alcinoüs. Tel Homère nous décrit ce domaine, tel à peu près l'auteur de *Leucippe et Clitophon* nous représente son bosquet délicieux.

A l'entour régnait un mur de moyenne hauteur qui le fermait des quatre côtés; à chacune des faces s'appuyait un toit soutenu par tout un chœur de colonnes. A l'intérieur de cette enceinte de colonnes, les branches verdoyantes des plantes les plus variées, retombant l'une sur l'autre, enlaçaient leurs rameaux, enroulaient leurs feuillages et mariaient leurs fruits. Suspendue aux platanes, se balançait l'épaisse et légère chevelure des lianes. Le lierre, autour des pins, semblait ne faire qu'un avec le fût qu'il embrassait. Les vignes, soutenues par des tiges de roseaux, déployaient leur brillant feuillage. Des grappes en fleur pendaient à travers le treillis. L'ombre des feuilles, balancées en l'air, se mêlant aux reflets du soleil, semait la terre de taches ondoyantes. Au milieu de fleurs sans nombre, une fontaine, leur servant de miroir, emplissait un bassin carré. On eût cru voir deux bosquets, l'un réel, l'autre réfléchi par les eaux. Des oiseaux habitaient le bocage, les uns apprivoisés par les soins nourriciers de l'homme, les autres libres dans leur vol et se jouant au sommet des arbres. Ceux-ci charmaient l'oreille, ceux-là réjouissaient la vue. La cigale et l'hirondelle chantaient, l'une le lit de l'Aurore, l'autre la table de Térée. Le cygne paissait à la source de la fontaine; une cage suspendue à un arbre renfermait le perroquet; le paon étalait en cercle ses plumes au milieu des fleurs : l'éclat des fleurs rivalisait avec le coloris du plumage, et les plumes étaient autant de fleurs.

II

Assyrie : Jardins suspendus de Babylone. — Judée. — Médie et Perse
Inde. — Égypte. — Chine.

Nous avons commencé par la Grèce pour faire honneur à la mère de nos civilisations occidentales. Mais on peut avouer, sans diminuer sa gloire, qu'elle n'a pas inventé l'art des jardins, qu'elle y est demeurée notablement inférieure à nombre de peuples anciens ou modernes. Ni la longue simplicité des mœurs privées, ni la constante participation des citoyens à la vie publique, ni les étroites limites imposées à chaque cité, à chaque royaume, ne favorisaient le développement d'un goût qui suppose le loisir, la richesse et la libre disposition de vastes territoires. Quelques vergers, quelques promenoirs ombragés, c'était là tout ce que comportait le morcellement de l'Hellade ou du Péloponèse. Un parc aurait affamé une contrée, englouti un État.

Le parc est le complément d'un palais, le luxe d'un particulier opulent, d'un puissant satrape, d'un despote qui peut dérober une province à l'agriculture. On doit donc s'attendre à rencontrer les grands jardins et les parcs proprement dits là où la nature et le régime social réunissaient les conditions qui manquaient à la Grèce, sur les rives de l'Euphrate, du Gange, du Nil, dans les immenses campagnes de la Chine.

De très antiques monuments assyriens nous ont conservé le souvenir des jardins de Ninive, au milieu desquels les riches seigneurs élevaient leurs habitations.

Un bas-relief du British-museum représente le jardin d'un roi : au centre, une longue avenue conduit à un autel ; des canaux coupent le terrain à intervalles réguliers. Un autre du même temps (1200 avant J.-C.), montre des vignes, des palmiers et, au milieu, un homme qui tient deux chiens en laisse ; un autre encore figure une tonnelle de vignes sous laquelle sont assis le roi et la reine.

Diodore cite un jardin de Sémiramis au pied de la montagne de Bagistan : c'était un carré de deux mille cinq cents mètres de côté, arrosé de fontaines et terminé par des rochers à pic. Si grande était la renommée de ce lieu qu'Alexandre se détourna de sa route pour le visiter. Sémiramis avait, dit-on, planté un autre parc sur une colline de Médie, auprès de Chaone ; du palais construit au sommet, la reine pouvait voir son armée campée dans la plaine.

Il nous faut aussi mentionner, non pour leur étendue, mais pour leur beauté, les fameux jardins suspendus de Babylone, une des sept ou huit merveilles du monde. Les uns les attribuaient à la fabuleuse Sémiramis; d'autres à un roi de Syrie qui avait cédé à la fantaisie d'une de ses femmes, d'origine perse, et désireuse de revoir les riantes prairies de ses montagnes natales. Rien de moins certain que leur emplacement et leur grandeur; quant à leur aspect, on peut s'en rendre compte aisément par les descriptions assez vraisemblables de Strabon, Diodore et Philon de Byzance.

Ce *paradis* de forme carrée avait sur chaque côté quatre plèthres (120 mètres) de long et s'élevait en amphithéâtre par une suite de terrasses qui se dominaient alternativement l'une l'autre. Au-dessous de chaque terrasse on avait pratiqué des galeries qui supportaient tout le poids des plantations. La plus élevée de toutes, sur laquelle reposait le plan de la dernière terrasse qui était de niveau avec la balustrade, avait cinquante coudées d'élévation. Les murs, dont on assura la solidité par les travaux les plus dispendieux, avaient vingt-deux pieds d'épaisseur, et l'assise qui les terminait, dix pieds de large. Le plafond des galeries était formé par des pierres taillées en manière de poutres, dont la longueur, en y comprenant la saillie, était de seize pieds sur quatre de largeur. Les couvertures, qui reposaient sur les plafonds de pierre, consistaient d'abord en un lit de roseaux mêlé d'une grande quantité d'asphalte, ensuite en une double couche de briques cuites cimentées avec du plâtre; enfin, en troisième lieu, en une toiture de lames de plomb, pour empêcher l'humidité de pénétrer dans les fondations. Sur cette couverture on avait répandu la quantité de terre végétale suffisante pour nourrir des arbres de cinquante pieds de haut, et ce sol artificiel, parfaitement dressé, était rempli d'un nombre infini de plantes recueillies dans tous les pays et remarquables soit par leur élévation, soit par leurs fruits, leurs fleurs et leurs feuillages divers. C'était une sorte de forêt à vingt étages, dont les racines entrelacées reliaient et consolidaient les énormes assises. Les galeries, qui recevaient la lumière du côté où chacune d'elles dominait la terrasse inférieure, renfermaient plusieurs appartements royaux diversement ornés, dont l'un, percé à sa surface supérieure par plusieurs ouvertures, contenait des machines qui élevaient de l'Euphrate une grande quantité d'eau, sans que personne pût à l'extérieur apercevoir le travail. Si bien qu'une foule de canaux, circulant sous les plantes, entretenaient sur le sol factice une fraîcheur et une verdure toujours nouvelles. On voit que pour n'être pas des plus extraordinaires, cette charmante maison fleurie ne ferait pas mauvais effet dans quelqu'un de nos grands jardins, ou sur l'une de nos places. On aimerait assez un petit jardin de Babylone en guise de fontaine Saint-Michel.

Au milieu de la désolation de Babylone, dans ces plaines aujourd'hui désertes et stériles, un voyageur a vu, sur l'emplacement des antiques jardins, un arbre qui porte tous les caractères de la plus haute vétusté, et dont la végétation s'est réfugiée tout au bout des branches. Les naturalistes y ont reconnu une espèce étrangère au pays et qu'on ne retrouve que dans l'Inde.

Nous avons cité plus haut les Jardins d'Antioche et de Damas, tels qu'ils existaient au temps de la civilisation grecque; il est fort probable qu'ils avaient succédé sans changement notable à ceux de la Syrie antique. La Judée avait aussi les siens; celui de Salomon, près de Bethléem, dans la vallée d'Urta, était rempli des plantes les plus rares; on y cultivait le grenadier, le camphrier, le safran, la cannelle, l'aloès, sans compter le cèdre et l'hysope. Qui ne connaît la vigne de Naboth et, dans un âge plus récent, le jardin des Oliviers. Les Jardins de la Palestine étaient, en général, des enclos dans les faubourgs des villes, entourés de haies ou de murs, gardés par une petite tour ou kiosque; de nombreux canaux y amenaient l'eau des ruisseaux voisins.

Les Hébreux, paraît-il, connaissaient la greffe ; mais une bizarre prohibition du *Lévitique* a dû singulièrement en limiter l'emploi. Des lois sévères interdisaient la greffe des arbres sur des espèces différentes.

Dès les premiers temps de la Perse, nous voyons ce peuple adonné avec amour à la culture des plantes. Les plus puissants rois ne dédaignaient pas de dessiner eux-même leurs jardins, et d'y planter de leurs mains des arbres et des fleurs.

« Lorsque Lysandre, » rapporte Xénophon, « eut admiré le parc de Sardes, les beaux arbres, la régularité avec laquelle ils étaient disposés, les belles allées droites, la façon heureuse de leurs croisements, les parfums répandus de tous côtés dans l'air, il ajouta : Je considère ces arbres avec étonnement à cause de leur beauté, mais ce qui me surprend plus encore, c'est l'art de celui qui a mesuré le sol et qui a conçu le jardin. Cirus fut enchanté de ces paroles et répondit : C'est moi, Lysandre, permettez-moi de vous le dire, qui ai conçu le plan, qui ai indiqué la place de tous les arbres, et il en est beaucoup que j'ai plantés de mes mains. »

Un terrain spacieux coupé de grandes allées, orné de pavillons et de fontaines, arrosé par de clairs ruisseaux, embaumé et enrichi de fleurs rares, planté enfin d'arbres fruitiers, constituait pour les anciens Perses un paradis. C'est de chez eux que le mot nous est venu. Le paradis, enclos d'un mur ou d'une forte palissade, ressemblait en grand à la villa de Laërte et se rapprochait par sa simplicité du goût sobre de la Grèce.

> Le jardin était grand, profond, mystérieux,
> Fermé par de hauts murs aux regards curieux,
> Semé de fleurs s'ouvrant ainsi que des paupières
> Et d'insectes vermeils qui couraient sur les pierres,
> Plein de bourdonnements et de confuses voix ;
> Au milieu presqu'un champ ; dans le fond presqu'un bois.
> V. Hugo.

Les paradis abondaient dans toute l'Asie Mineure ; il n'était point de satrape qui n'en possédât plusieurs. Xénophon cite celui de Bélésis, gouverneur de la Syrie. Un autre, traversé par le Méandre, dépendait du palais que possédait le jeune Cyrus à Célœnae de Phrygie. Il était peuplé de bêtes sauvages que ce prince chassait à cheval. Cyrus y passa en revue treize mille hoplites et frondeurs grecs. Tissapherne, dit Plutarque, avait donné le nom d'Alcibiade, par amitié pour ce héros, au plus beau de ses domaines, le plus délicieux par l'abondance de ses eaux, par la fraîcheur de ses prairies, par le charme des retraites solitaires qu'on y avait ménagées, par les embellissements de tout genre qu'on y avait prodigués avec une magnificence toute royale.

C'est à la Perse que nous devons la plupart de nos belles fleurs. Elles semblent pousser spontanément dans ce pays. La Perse n'est-elle pas la patrie du rosier? Il ne faut donc pas s'étonner que sa littérature soit pleine jusqu'à satiété de l'éloge des fleurs. Les jardins que célèbrent plus particulièrement les poètes persans étaient situés à Samarcande, à Hamadan et dans la vallée de Khosran-Shah. (Smee, *Mon Jardin*).

Les paradis de la Perse ne paraissent point avoir changé de forme, et nous les retrouverons, dans les voyages de Chardin, tels que Xénophon a pu les voir.

Les jardins ne manquaient pas à l'Inde ancienne, ce pays des fleurs éclatantes et du soleil torride. Des ombrages épais entouraient la hutte des ascètes comme le palais des rois ou le temple des dieux, et se miraient dans l'eau des lacs sacrés. Les poètes ne cessent de peindre, jusqu'aux moindres filaments, les calices des lotus de toute couleur et des jasmins embaumés. Kâlidâsa, qui pouvait vivre du second au cinquième siècle après notre ère, mais dont les descriptions sont parfaitement d'accord avec les tableaux plus antiques des épopées, nous montre Çakuntalà et ses compagnes, dans les bosquets d'un ermitage, arrosant les arbustes et les fleurs qu'elles aiment; elles les appellent par leur nom comme des compagnes, et aspirent leurs parfums comme des réponses muettes. Toutes les scènes du drame indien sont encadrées dans de riants paysages, où des étangs, des bassins couverts de cygnes, bordent des pavil-

lons rustiques ou luxueux et des galeries peintes,
treillissées de balcons à jour. Ce ne sont que parcs
féeriques,

> Où chaque nymphe marche un lotus à la main,

où se promènent des groupes de femmes coiffées
de nancléas, de lodhras (*Symplocos racemosa*), de
jasmins mêlés à des plumes de paon.

Nous trouvons, dans le *Nuage messager*[1] de Kâlidâsa, l'indication sommaire d'un jardin fabuleux,
séjour d'un génie qui appartient à la cour du dieu
des richesses, Couvéra. Nous transcrivons ici cette
peinture imaginaire, qui n'est, en somme, qu'une
transfiguration de la réalité :

> Nous demeurons au nord du palais de mon maître,
> Et la maison de loin se fait assez connaître :
> Son portail en splendeur dépasse l'arc d'Indra[2] ;
> Dans le jardin verdoie un jeune *mandâra*[3]
> Élevé comme un fils par la nymphe qui m'aime,
> Et sa fleur vers la main s'abaisse d'elle-même.
> Les tendres lotus d'or aux tiges de lapis
> Sur mon limpide étang font un riant tapis
> Bordé d'un escalier aux marches d'émeraude ;
> Et, voyant devant toi[4] s'enfuir la saison chaude,
> Les cygnes du bassin, fidèles aux fleurs d'or,
> Vers le lac Mânasa[5] ne prendront point l'essor.
> Ce tertre au bord des eaux, qu'un pavillon couronne
> Et que le bananier de ses fruits environne,

---

[1] Voyez *Virgile et Kâlidâsa*, par André Lefèvre, p. 314 et suiv.
[2] L'arc-en-ciel.
[3] L'un des arbres du paradis.
[4] L'auteur s'adresse à un nuage.
[5] Lac à demi fabuleux qu'on place sur les versants de l'Himalaya.

J'y vois l'*asoka* rouge au mobile bouquet[1],
L'odorant *késara*[2], double honneur du bosquet
Où l'amaranthe sombre aux *madhavis*[3] se mêle....
Une colonne d'or, de cristal surmontée,
Au socle d'émeraude en feuillages sculptée,
Sert de refuge au paon que l'orage poursuit.
Ma nymphe bat des mains, et, s'animant au bruit
Des anneaux qu'un bras leste en mesure secoue,
Sur le blanc chapiteau l'oiseau bleu fait la roue.
Tel est notre séjour.
Va donc, et pose-toi.....
Comme un jeune éléphant qu'Indra lui-même envoie,
Sur la colonne d'or où s'arrêtent les paons.
Modérant tes éclairs, par grâce, ne répands
A travers les balcons que la lumière douce
Des vers luisants joueurs enfouis dans la mousse !

A travers l'étrangeté raffinée de ces images, n'entrevoit-on pas toute une civilisation avide d'ombre et de fraîcheur, les kiosques fastueux, les eaux claires semées de fleurs et enchâssées dans des bordures de marbre, et les colonnes couronnées d'oiseaux aux riches couleurs ?

Auprès de ces jardins d'Asie, ceux de l'Égypte ancienne, malgré la beauté de leurs fleurs, de leurs eaux abondantes, mériteraient à peine d'être cités, s'ils ne présentaient le type le plus parfait et le plus artificiel du jardin architectonique. Ils allaient bien d'ailleurs avec les pylones, les obélisques et les longues colonnades des palais et des

---

[1] *Jonesia asoka*, fleur rouge, une des plus belles qui existent.
[2] *Mimusops elengi*, fleur très odorante.
[3] *Gæstnera racemosa* ou *banisteria bengalensis*, belle fleur pourprée.

temples ; et quant à leur monotonie, il faut l'attribuer à deux causes, l'une morale et l'autre physique : la tendance de l'esprit égyptien à tout régler sur une sorte de type hiératique, et l'uniformité presque absolue des sites que présente la longue vallée du Nil, toujours serrée entre deux chaînes de montagnes aux pieds verdoyants, aux cimes nues. Tel que nous le connaissons par les peintures et les bas-reliefs de Thèbes, le jardin égyptien, dépendance ordinaire des maisons riches, était carré ; une palissade en bois formait la clôture ; un côté longeait le Nil ou un de ses canaux, et une rangée d'arbres taillés en cône s'élevait entre le Nil et la palissade. L'entrée était de ce côté, et une double rangée de palmiers et d'arbres, de forme pyramidale, ombrageait une vaste allée qui régnait sur les quatre faces. A la base du tronc l'on disposait un petit monticule déprimé au centre de manière à retenir autour des racines l'eau des arrosages. Des rangées de colonnes peintes, réunies au sommet par des bois découpés, divisaient les plantations en nombreuses avenues. La vigne formait des buissons ou bosquets ; on ne la suspendait pas aux sycomores ou aux palmiers. Le figuier était aussi cultivé. Quant aux singes que certaines peintures représentent, soit passant les figues aux jardiniers, soit mangeant un fruit et gourmandés par les surveillants, c'étaient des accessoires familiers et incommodes, fournis par la nature, utilisés par l'imagination de l'artiste. Le verger de figuiers et de vignes occupait le milieu de l'enclos ; à l'entour, les arbustes et les fleurs étaient distribués en carrés, alternant avec des bassins et des réservoirs. Aux coins, quatre grandes pièces d'eaux recevaient des barques de promenade et de pêche, d'où l'on tuait à coups de flèche ou de lance les poissons et les oiseaux. Sur les rives gazonnées, de grands vases portaient des touffes de papyrus. Çà et là un petit pavillon à jour permettait de se reposer à l'ombre. Enfin, au fond du jardin, entre le berceau de vignes et la grande allée, était un kiosque à plusieurs chambres, la première fermée et éclairée par des balcons à balustres ; les trois autres, qui étaient à jour, renfermaient de l'eau, des fruits et des offrandes. Quelquefois les kiosques étaient construits en rotondes à balustres surmontés d'une voûte surbaissée. (CHAMPOLLION-FIGEAC.)

Rosellini a copié le plan d'un antique jardin, entièrement conforme à la description précédente et qui a dû exister quinze cents ans avant notre ère. Il appartenait à un chef militaire, vivant au temps d'Aménophis II, de la dix-huitième dynastie. On y remarque, à gauche de la vigne, des tombes et, tout auprès, deux temples entourés d'une sorte de balustrade, et dédiés peut-être à Khem, un confrère de Pan, et à une certaine Ramo, déesse à tête de serpent.

Jardin antique en Égypte.

Une mosaïque (du temps d'Adrien?), nommée pierre de Palestrine, permet de supposer que l'Égypte a connu les jardins paysagers. Ce singulier monument représente ce qu'il y a trente ans nous appelions encore un jardin anglais. Au premier plan, un homme manœuvre une nacelle élégante sur une petite rivière couverte d'un berceau en treillis que recouvrent des festons de feuillages. Sous cette tonnelle sont placés des bancs, et des femmes assises y prennent un repas champêtre, au son des instruments. On voit quelques autres fabriques, les végétaux alors cultivés, diverses sortes d'animaux qui semblent y avoir été assemblés pour former comme une ménagerie. Enfin au fond, sur le dernier plan, s'élève un rocher d'où un chasseur s'amuse à tirer de l'arc.

Mais il est plus sûr d'attribuer les premiers parcs irréguliers aux Chinois. Il faut chercher les ancêtres de Stowe et d'Ermenonville en ce lointain Orient qui nous a de si loin précédés dans les raffinements de la civilisation, et qui semble expier sa précocité par une irrémédiable décrépitude. Bien des siècles avant notre ère, la Chine avait surpassé l'art des le Nôtre et des Kent, autant que la puissance et la richesse des empereurs chinois dépassaient la grandeur et le faste de Louis XIV ou de la reine Anne. Les documents que nous possédons sur les parcs chinois ne nous reportent pas plus haut que le quatrième siècle avant notre ère, mais on peut raisonnablement en induire que, vers les temps où la Grèce héroïque se contentait de simples vergers, l'empire du Milieu connaissait déjà les jardins d'ornement. Meng-Tseu, fameux philosophe, mentionne l'ancien domaine de Wen-Wang, qui avait sept lieues de tour, et où tous les Chinois pouvaient à leur gré chasser ou faire de l'herbe et du bois. « Wen-Wang avait son parc en commun avec le peuple; celui-ci le trouvait trop petit; cela n'était-il pas juste? » Ainsi parle Meng-Tseu (368 ans av. J.-C.). Il ajoute que le parc de Siouan-Wang, rigoureusement fermé, était « une véritable fosse de mort de quatre lieues de circonférence ouverte au sein du royaume. » Quiconque y tuait un cerf était puni de mort; c'était un autre Plessis-les-Tours. Le peuple, avec raison, le trouvait trop grand. Cent ans après, Chi-Hang-Ti, de la dynastie des Thsin, grand destructeur des livres et des royaumes féodaux formés en Chine sous ses prédécesseurs, réunit dans un parc de trente lieues de circuit les copies de tous les palais qu'il avait renversés ou dont il avait dépossédé les maîtres. D'innombrables quadrupèdes, des poissons, des oiseaux, trois mille essences d'arbres et de plantes, vinrent représenter dans son domaine toutes les parties de l'empire. Il réalisait d'avance, à cinq siècles d'intervalle, et sur un plan plus grandiose, les fantaisies de la *villa Adriana*. Wou-Ti, des Han, grand conquérant qui avait touché les frontières de l'Inde et les rives de la Caspienne (140 av. J.-C.), eut un parc de cinquante lieues de tour, semé de palais, de kiosques, de grottes et décorations de toute espèce. Trente mille esclaves

(Égypte ancienne.) Arrosage.

l'entretenaient à peine ; et, chaque année, toutes les provinces devaient y envoyer les raretés de leur flore. Un autre prince de la même dynastie négligeait ses jardins : « Je veux, disait-il, faire un jardin de toute la Chine ; si mon prédécesseur eût employé en défrichements les sommes immenses dépensées à l'embellissement de ses parcs, bien des milliers d'hommes qui manquent de riz en seraient abondamment pourvus. » Belles paroles, et qui n'eussent pas mal sonné dans la bouche d'un Louis XIV.

Ces riches créations d'un monde qui nous est à peine ouvert n'exercèrent aucune influence sur l'antiquité classique, ni, jusqu'au dix-huitième siècle, sur les peuples auxquels elle légua ses arts.

CHAPITRE DEUXIÈME

VILLAS DES ROMAINS

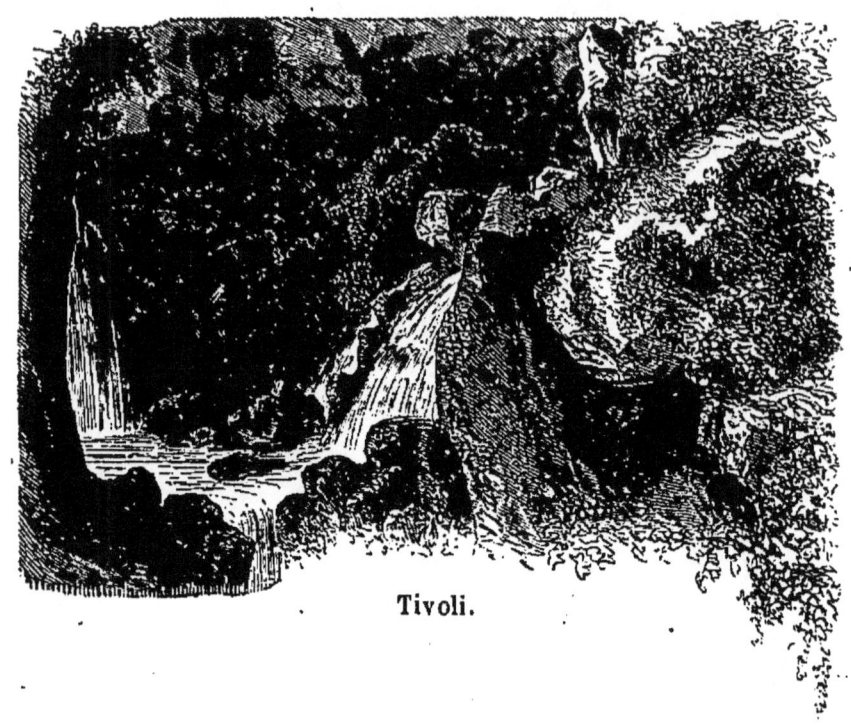
Tivoli.

I

Cicéron à Tusculum. — Horace à Tibur. — Varron à Casinum. — Le Tibur de Vopiscus. — Pline à Laurente et dans l'Apennin.

Quel peuple a plus travaillé que le peuple romain? La vie à Rome, vie publique et agitée, demandait un effort perpétuel et des attitudes de convention. Il n'est pas étonnant que, la conquête du monde achevée, ces généraux et ces orateurs se soient trouvés les plus las des hommes, les plus altérés d'ombrage et de repos. Ils se hâtèrent de fuir le siroco fiévreux sur les pentes les mieux exposées de sept collines, appliquant aux bosquets du Viminal, de l'Esquilin, du Palatin, les lois enseignées par Caïus Marius, jardinier amateur, qui fut le correspondant de Cicéron et l'ami d'Auguste. Ou bien, réfugiés dans les plis de ces monts bleuâtres qui semblent tracer autour de Rome un vaste cirque, sous les chênes verts et les pins maritimes, ils opposaient aux bruits trop voisins du Forum le murmure des cascades. Les Apennins aussi offraient une température toujours fraîche. La grande mode fut de s'en aller vers Naples, aux rives de Baïa, enraciner dans la mer « les pieds de marbre des palais » et des môles, creuser des lacs où s'engraissait l'huître savoureuse, dessiner en face des flots bleus de blancs portiques habités par des dieux de marbre et protégés par de grands arbres aux feuilles luisantes.

On citait, dans la ville, les jardins de Pompée, de Lucullus, de Salluste (villa Ludovisi), de César, de Mécène, de Néron. Il serait possible d'en indiquer la place et les vestiges ; mais nous irons plutôt demander aux montagnes voisines l'image encore vivante de la villégiature antique.

Les innombrables maisons de plaisance de Tusculum (Frascati) émaillaient comme des fleurs vertes et blanches la pente rapide qui regarde Rome. Cicéron possédait là un fameux domaine, ancienne propriété de Sylla, où une palestre à la grecque, un Lycée orné de statues, une petite Académie décorée d'un amphithéâtre et de doubles Hermès (*Hermathènè, Hermhéraclès*) à tête de bronze et corps de marbre sur piédestaux en forme de pyramides, rappelaient sans cesse à l'auteur des Tusculanes sa chère Athènes et flattaient ses goûts d'artiste et de lettré. Les eaux vives de l'aqueduc de la Crabra rafraîchissaient ces vastes jardins. Un jeune Gaulois, que M. Dézobry fait voyager en Italie sous Auguste, décrit ainsi la demeure de Cicéron :

« On la voit immédiatement au-dessous de Tusculum, sur le flanc oriental de la montagne. Elle s'élève sur une substruction faite pour racheter la pente du terrain, et qui, à rez de terre vers le midi, est fort haute du côté du septentrion. La maison, comme la plupart des villas romaines, a l'aspect d'un portique ; le bâtiment est orné de colonnes et forme à l'intérieur une longue et large galerie voûtée bien aérée, bien claire, sur laquelle s'ouvrent une vingtaine de chambres au moins, servant à l'habitation. Cette maison a vraiment un aspect royal par la beauté de son ensemble et surtout par son importance et son étendue. Car sa profondeur est de trente-cinq mètres environ, et sa façade se développe sur une longueur d'environ cent mètres. Le site lui prête encore beaucoup de majesté : derrière, s'élèvent la citadelle et les murs de Tusculum, qui semblent presque en faire partie, tandis que devant soi on a la vallée d'Albe, la voie Latine, l'énorme mont Albain, l'Algide, et vers l'occident la mer. »

Ce ne sont plus aujourd'hui que « restes informes, amas de briques disjointes; soubassements mal déterrés qui vont s'effondrant sous les intempéries de l'hiver et l'envahissement des herbes. Parfois, à mesure qu'on avance, les parois d'une chambre antique apparaissent sur le bord de la route dans les flancs d'un escarpement. Au sommet est un petit théâtre où gisent des fragments de colonnes. » (Taine.) Les villas modernes ont descendu d'un ou deux degrés sur la pente de la montagne.

Horace, l'ami des bois où circulent les zéphyrs et les fontaines, habitait le plus souvent une petite campagne, sur les pentes du mont Libretti, auprès des bosquets de Tibur, aujourd'hui Tivoli. Il ne nous en a point laissé de description, et sa demeure semble avoir été modeste; mais elle a droit d'être mentionnée parmi les merveilles, puisqu'elle a inspiré le génie. C'est là qu'il s'est étendu, tantôt sous l'yeuse antique, tantôt sur l'herbe drue, écoutant les oiseaux se plaindre dans les bois, et les flots des sources frémissantes murmurer leur douce invitation au sommeil; c'est de là qu'il aimait à voir les troupeaux rentrer des champs, à inviter ses amis aux repas rustiques, à chanter le dieu Faune, gardien des vergers, et la nymphe Bandusia : « O fontaine de Bandusia, plus claire que le cristal, l'heure cruelle de la dévorante canicule ne sait comment t'atteindre ; aux taureaux las de la charrue, aux brebis vagabondes, tu offres ta fraîcheur aimable. Pour te rendre fameuse entre les sources, je dirai l'yeuse qui s'élève sur les rochers creux d'où s'élancent tes flots jaseurs ! » *Hoc erat in votis*. Il n'en demandait pas plus : un terrain modeste, assez grand pour contenir un jardin, près de la maison une eau courante, et par-dessus un peu de forêt. Les dieux ont comblé ses vœux et au delà. Dans le coin de terre qui lui sourit, il n'envie point la tour d'où Mécène embrasse d'un coup d'œil toute la campagne romaine, les môles avancés dans les flots, comme si la terre ne suffisait point et qu'il fallût empiéter sur la mer, enfin toutes ces maisons bâties si près du tombeau ; et, gourmandant ses fastueux contemporains avec une douce gravité, il boit, couronné de lierre, une jolie eau rougie de falerne ou de massique.

Mais l'exemple d'un poëte et la voix de la médiocrité dorée ne détournèrent pas ses contemporains des goûts luxueux que les Lucullus et les Scipions avaient rapportés d'Asie. Les arbres tels que la nature les fournit semblaient trop peu civilisés ; il leur fallut recevoir de la serpe des formes géométriques. On ne pouvait laisser à leur caprice les eaux des sources ; il plaisait de les rassembler en de vastes bassins sertis de marbres précieux où, carpes étranges de ces Fontainebleaux, les murènes étaient nourries d'esclaves hachés menu comme chair à pâté. Les oiseaux ternes de nos climats ne suffisaient point à animer de leur voix les bosquets; on fit venir du fond de l'Orient des chanteurs plus riches qu'on établit dans des cages élégantes. Inventées par Lœnius Strabon, un peu avant la guerre de Pharsale, les volières se répandirent dans les domaines opulents. Celle de Lucullus, à Tusculum, était admirée. Varron en possédait une à Casinum, dont il nous indique les principales dispositions.

C'était un parallélogramme d'environ vingt et un mètres sur quatorze, terminé, dans le sens de la longueur, par un hémicycle profond de huit mètres. Un portique soutenu par une double colonnade à jour en occupait la base ; il y avait un petit arbuste dans chaque entre-colonnement. Deux autres galeries à jour et à ciel ouvert, fermées en haut et sur les côtés par des filets de chanvre, s'avançaient parallèlement en retour; deux pavillons fermés où pouvaient se retirer les oiseaux les reliaient à l'hémicycle. Un petit ruisseau longeait intérieurement cette construction. Entre les deux galeries s'étendaient deux piscines oblongues séparées par un étroit sentier. L'ornement de l'hémicycle consistait en un pavillon-temple à cage circulaire porté sur deux rangs de colonnes, pierre à l'extérieur et sapin en dedans, plantés à un mètre et demi de distance, et qui servaient de carcasse à un double filet de corde à boyaux et de chanvre tout plein de rossignols, de merles et autres oiseaux harmonieux. Le centre du pavillon, bien qu'étroit, n'en était pas moins utilisé pour le plaisir de l'ouïe; c'était une petite salle de concert. On y voyait, l'un sur l'autre, un bassin égayé par des canards rares (étranges musiciens), une île, une table à pivot garnie de robinets chauds et froids, enfin les mets que le maître du lieu offrait à ses convives. Il va sans dire que cette villa des oiseaux était l'ornement, la curiosité d'un grand jardin. Derrière les gradins de l'hémicycle, un bois très épais et très sombre étalait ses ombrages comme pour aggraver la servitude par la vue de la liberté voisine.

Puisque nous suivons à peu près l'ordre des temps, nous signalerons ici, parmi les innombrables villas qui ont dû se juxtaposer ou se succéder aux bords de l'Anio, le domaine d'un contemporain de Domitien, Manlius Vopiscus, opulent poète, paraît-il, dont rien n'est venu jusqu'à nous, sinon les flatteries hyperboliques de Stace. Autant qu'on peut l'entrevoir à travers le pathos confus du panégyriste, c'était une composition bien entendue, où l'art n'avait pas trop gâté la nature. Stace, du moins, en vante la richesse de bon goût (*sanus nitor*), les agréments sans faste (*deliciae carentes luxu*), tels que, pour cet heureux séjour, le vieillard de Gargette (Épicure) eût abandonné son jardin. Et, bien que ce Gongora des Latins s'épuise en métaphores incongrues pour célébrer les vastes galeries, les portiques, les statues et les mille curiosités du palais, le contraste des bains chauds et de la rivière glacée, les tours de force du pauvre Anio se répandant en lacs, se resserrant en jets d'eau, sa faconde insupportable ne parvient pas à gâter l'effet pittoresque des deux parcs ou forêts qui entourent la maison, du verger riant, et du frais ruisseau si cher à Horace. Le *Tibur de Vopiscus* méritait, à coup sûr, une description moins emphatique et plus précise. Toutefois, si l'on prend soin d'élaguer la luxuriante rhétorique, obscure, inextricable où Rinn, traducteur exercé, avoue s'être plus d'une fois perdu, on ne lira peut-être pas sans plaisir un résumé de la troisième pièce du livre premier des *Silves*.

« Celui qui a pu visiter le frais Tibur de l'éloquent Vopiscus, ces deux maisons jumelles posées sur l'Anio dont elles font communiquer les rives,… n'a pas eu à redouter les morsures de l'ardente canicule…. Ici le soleil vient se briser sur une fraîcheur impénétrable….

« O jour de long souvenir ! que de joies n'en remporté-je pas ! quelle bonne volonté dans cette terre ! L'art y a répandu mille beautés ; la nature s'y prodigue avec abandon. Des bois profonds s'inclinent sur des eaux rapides ; répétées en trompeuses images, leurs ombres fuient sous l'onde au loin. L'Anio lui-même, ô merveille ! l'Anio, si rocheux et tourmenté au-dessus comme au-dessous de ces bois, dépose ici sa rage et son fracas, pour ne point troubler la paix du maître, ses jours poétiques et son sommeil inspirateur. Sur les deux rives, on est chez Vopiscus ; ce doux courant n'est pas une barrière. De chaque côté s'élève une maison ; mais l'une n'est pas étrangère à l'autre, et l'eau qui coule entre elles ne les sépare pas.

« Par où commencer, continuer, finir ? Dirai-je d'abord ces poutres dorées, ces portes en bois d'Afrique, les marbres aux veines éclatantes, les eaux distribuées dans tous les appartements ? la vieillesse vénérable des bois ? ce portique d'où l'on voit fuir la rivière, ou celui qui regarde un fond d'ombrages silencieux ? ces bains qui fument sur une verte pelouse, et leurs feux allumés en pleine fraîcheur, et le fleuve tout voisin, riant de voir haleter ses nymphes dans la vapeur des cuves ?

« Partout la main et le talent des anciens maîtres, la vie, sous mille formes, infusée aux métaux ; figures d'or et d'ivoire, gemmes dignes d'orner des doigts patriciens, argent ou bronze qu'a modelés Miron, colosses énormes où s'essaya sa main hardie. Que de richesses on foule aux pieds sans les voir, jusqu'à ce que le jour tombant des voûtes et reflété par des stucs polis révèle aux yeux les peintures du sol, les mosaïques animées de figures sur lesquelles on craint de marcher !

« Admirerai-je les vastes *atria*, les toitures symétriques des deux édifices, ou plutôt ce grand arbre que la hache d'un autre maître n'eût pas épargné, et qui, conservé au milieu même du palais, émerge du faîte et monte dans les airs ? ou encore ces deux tables de pierre dressées sur l'une et l'autre rive, ces lacs blanchis par le jet des sources profondes, et toi, Eau Marcia, qui hardiment captée en un conduit de plomb, traverses sous les eaux le cours oblique de la rivière.

« En ces grottes l'Anio désertant son lit quitte, dans l'obscurité mystérieuse, ses voiles azurés ; çà et là, il se joue sur la mousse qui plie sous sa poitrine ; ou bien il s'abat de haut dans un lac et nage, frappant de ses bras le cristal des eaux. Ici le dieu de Tibur repose sous l'ombrage ; là, l'Albula aime à baigner sa chevelure sulfureuse....

« Vanterai-je encore ces vergers dignes d'Alcinoüs et leur double récolte, et vous, rameaux qui n'étalez jamais une verdure stérile ?...

« C'est ici que tu caches tes loisirs féconds.... »

Félibien a essayé une restitution assez peu probable du Laurentin, la maison que Pline le jeune possédait au bord de la mer, entre Laurente et

Ostie, à six lieues de Rome. Il vaut mieux rapporter ce qu'en écrit son propriétaire. Ce n'était pas une de ces folies avec jetées et parcs aux huîtres, néanmoins elle donne une idée suffisante des villas maritimes ; rien de mieux conçu que les bâtiments, de mieux ménagé que les points de vue.

On entrait au levant, par un atrium demi-circulaire, à large toit, à portique vitré, dans une grande cour très gaie, d'où un portique parallèle au premier conduisait à la salle à manger, l'un des beaux morceaux du casino. Cette salle immense s'avançait dans la mer ; le flot venait battre le pied du mur, sous les fenêtres occidentales. De larges et hautes baies ouvrent des perspectives variées sur les quatre côtés, car les portiques et l'atrium sont à jour. De droite et de gauche, s'échelonnent en retraite des pièces éclairées du levant et du couchant, et que le flot n'atteint jamais, chambres à coucher bien chauffées par des tuyaux, bibliothèque, communs, bains chauds et froids, étuve et réservoir. A gauche, au midi, l'angle formé par la salle à manger et la première chambre sert de refuge l'hiver à tous les gens de Pline ; c'est le meilleur endroit et le mieux abrité contre le nord et l'est. A droite, on remarque le jeu de paume, percé au couchant, une tour à deux étages d'où l'on embrasse la mer et la campagne. Il faut trouver encore à placer une autre tour avec chambre à coucher d'été, salle à manger au nord, d'où l'on entend la mer sans la voir, deux autres appartements en retour vers le grand vestibule, une galerie voûtée, percée de deux fenêtres sur la mer pour une sur le jardin; enfin, y attenant, un petit pavillon que Pline appelle ses délices, ses amours, sans doute à l'extrémité nord de la villa. Un couloir, ménagé entre le mur de la propriété et la paroi de ce retrait, absorbe tout bruit importun; peut-être, de son cabinet vitré, de son salon joyeux, l'aimable favori de Trajan voit-il la mer sans l'entendre.

Le jardin, assez simple, rangées de vignes sur ormeaux, quinconces de mûriers et de figuiers, parterre de violettes, allées bordées de buis par endroits, et de romarin partout où l'haleine de la mer eût desséché le buis, s'étendait vraisemblablement assez loin au nord du principal corps de logis. Il manquait d'eaux courantes; mais l'eau était si près de terre qu'on remplaçait aisément les sources par de petits puits inaccessibles à la saveur salée de la mer. Dans une contrée aujourd'hui malsaine et désolée régnait alors l'abondance; il y avait jusqu'à trois bains publics dans le village de Laurente. La mer fournissait des soles et des squilles, les pâturages voisins, d'excellent lait, Ostie, toutes les provisions possibles, et les forêts d'alentour du bois et de la venaison.

Parmi les autres domaines que Pline possédait, à Tibur, à Tusculum, à Préneste, que sais-je encore! il en est un qui l'emporte, à bien des égards, sur le Laurentin. La mer lui manquait; mais quelle végétation, que d'eaux, que d'art dans l'ornement des jardins! C'était la villa de Toscane, située dans un air salubre, au pied des Apennins. Dans une lettre précieuse, Pline énumère avec complaisance les chambres, les galeries, les cours ombragées, les bains et les jeux de paume; il ne tarit pas sur les grâces du jardin.

La disposition du terrain est on ne peut plus belle. Imaginez-vous un amphithéâtre immense, tel que la nature seule peut le faire, une vaste plaine, environnée de montagnes chargées sur leurs cimes de bois très hauts et très anciens. Le gibier de toute espèce y abonde. Des taillis couvrent les pentes. Entre ces taillis sont des collines d'un terroir si gras qu'il serait difficile d'y trouver une pierre, quand même on l'y chercherait. Le long du coteau se prolongent des pièces de vignes qui semblent se toucher et n'en former qu'une seule. Ces vignes sont bordées par quantité d'arbrisseaux. Ensuite, des prairies et des terres labourables. Les prés, émaillés de fleurs, fournissent du trèfle et d'autres sortes d'herbes, toujours aussi tendres et aussi pleines de suc que si elles venaient de naître. Ils tirent cette fertilité des ruisseaux qui les arrosent et qui ne tarissent jamais. Cependant, en des lieux où l'on trouve tant d'eaux, l'on ne voit point de marécage, parce que la terre, disposée en pente, laisse couler dans le Tibre le reste de celles dont elle ne s'est point abreuvée. Ce fleuve, qui passe au milieu des champs, est navigable et sert dans l'hiver et au printemps à transporter toutes les provisions à Rome. En été, il baisse si fort que son lit est presque à sec : il faut attendre l'automne pour qu'il reprenne son nom de grand fleuve. Il y a un plaisir extrême à contempler le pays du haut de la montagne. On croit voir, non une campagne ordinaire, mais un paysage dessiné d'après un modèle idéal ; tant les yeux, de quelque côté qu'ils se tournent, sont charmés par l'arrangement et par la variété des objets.

Devant le portique, on voit un parterre dont les différentes figures sont tracées avec du buis. Ensuite est une pelouse en pente douce autour de laquelle le buis dessine des figures d'animaux symétriquement opposées. Dans la partie plane, règne l'acanthe, si tendre aux pieds qu'on dirait une rosée. A l'entour s'étend une allée d'arbres drus et diversement taillés, qui se rattache à une promenade en forme de cirque où le buis revêt mille formes et des arbres dont l'art contient la croissance. Tout cela est enclos d'une maçonnerie que des buis étagés recouvrent et dérobent aux yeux. Au delà, la vue n'est pas moins séduite par les beautés naturelles d'une prairie qu'elle était charmée jusqu'ici par les surprises de l'art. Au loin, des champs, d'autres prés et des arbrisseaux;

Vers le milieu d'une galerie, on entre dans une petite cour bordée de bâtiments et ombragée de quatre platanes, avec bassin de marbre au centre.

Devant les bâtiments agréables et bien disposés est un vaste manège; il est ouvert par le milieu et s'offre d'abord tout entier à la vue de ceux qui entrent. Il est entouré de platanes revêtus de lierre : ainsi le haut de ces arbres est vert de son propre feuillage, et le bas, d'un feuillage étranger. Ce lierre court autour du tronc et des branches et, s'étendant d'un platane à l'autre, les lie ensemble. Entre ces platanes sont des buis, extérieurement bordés de lauriers qui mêlent leur ombrage à celui des platanes. L'allée du manège est droite jusqu'au bout, où elle se courbe en hémicycle et change de figure; l'ombre alors s'y épaissit, plus noire et plus profonde, sous un couvert de cyprès qui l'environnent. Les allées circulaires, qui sont en grand nombre dans l'intérieur, sont au contraire éclairées du jour le plus vif. Les roses y naissent de tous côtés, et les rayons du soleil y dissipent agréablement la fraîcheur des ombrages. Après plusieurs détours, on rentre dans l'allée rectiligne, qui des deux côtés en a plusieurs autres, séparées par des buis. Là, est une petite prairie; ici, le buis même est taillé en mille figures différentes, quelquefois en lettres, qui forment le nom du maître ou celui du jardinier. Dans la bordure alternent de petites bornes et des arbres fruitiers, comme si la simple campagne intervenait tout à coup, apportée dans l'œuvre symétrique de l'art. Un double rang de moyens platanes occupe le milieu. Aux platanes succède l'acanthe flexible serpentant de tous côtés, et ensuite plusieurs figures et noms en buis. Au bout, sous une vigne qui le protège, est couché un banc de marbre blanc. La vigne s'appuie sur quatre colonnettes de marbre Carystien. Du banc même s'échappe, comme sous le poids de ceux qui s'y reposent, une eau que de petits tuyaux conduisent par une auge de pierre à un bassin de marbre, ainsi ménagée de manière qu'elle le remplisse sans jamais déborder. Le goûter et les mets solides peuvent être rangés sur la margelle ; les plus légers flottent plus librement dans des corbeilles en forme de navires ou d'oiseaux. Une fontaine, près de là, donne et résorbe l'eau ; le jet s'élance et retombe, et deux passages qui se joignent le reprennent et le rejettent.

Vis-à-vis du banc est une chambre qui lui donne autant d'agrément qu'elle en reçoit. Le marbre y reluit ; par ses portes elle domine la verdure et semble se prolonger dans le jardin. Sous ses fenêtres et au-dessus, on ne voit que du vert ; un petit cabinet semble s'enfoncer dans la même chambre bien qu'il en soit distinct : il renferme un lit ; des fenêtres l'éclairent de tous côtés, et cependant le jour y est voilé par l'ombre qui l'environne : car

La villa de Pline (Toscane).

une vigne gaiement répandue par tout le bois s'élève vers le faîte et l'atteint. A la pluie près, que vous n'y sentiriez point, vous vous croyez couché dans un bois : là encore naît une fontaine qui se perd en elle-même. En différents autres endroits, sont disposés des sièges de marbre destinés, comme la chambre, à reposer ceux qu'a lassés la promenade. Chacun a ses petites fontaines. Par tout le manège, murmurent en de petits canaux des ruisseaux dociles au cours qui leur est tracé, prêts à arroser ceci et cela ou tout à la fois. (PLINE, livre V, lettre 6.)

II

Villa Adriana.

L'empereur Adrien ne manquait pas de vices, mais il avait de grands talents, une instruction étendue, le goût des belles choses; il employait les loisirs du principat à voyager par tout son empire, mais surtout en Grèce et en Égypte, cherchant les Muses, s'il en restait, dans la vallée de Tempé, interrogeant au bord du Nil le colosse de Memnon. Vers la fin de son règne, abandonnant les affaires à son fils adoptif, il voulut se recueillir en paix dans une villa où il amassait depuis dix ans les statues et les édifices (125-135). C'était une sorte de musée où les souvenirs du vieil artiste avaient pris corps, et qui mêlait à ses jours attristés par l'ombre de la mort prochaine les meilleurs jours de son âge mûr. Un conquérant chinois avait imité dans son parc tous les palais détruits par ses armes; Adrien groupait dans sa villa les sites, les monuments, les statues qu'il avait respectés et admirés dans ses promenades pacifiques ; il essayait même d'y réaliser les rêves des poètes : à côté d'un Lycée, d'un Pœcile, d'une Académie, s'ouvraient les Enfers de Virgile.

Les constructions s'étageaient, entre Rome et Tibur, sur la cime ondulée d'une longue colline ; des terrassements rachetaient les différences de niveau des plateaux supérieurs. La montée n'était point rude, mais cette hauteur moyenne suffisait à ouvrir une immense perspective sur quatre montagnes, aujourd'hui nommées Peschiavatore, Ripoli, Affliano et san Stefano ; il y avait de belles échappées sur Rome et sur la mer. Une vallée fraîche au nord, encore creusée par l'extraction des pierres, portait le nom de Tempé ; une source ferrugineuse grossie par un aqueduc lui servait de Pénée. Un autre ruisseau circulait dans un vallon au midi.

Nul doute qu'Adrien n'ait dirigé lui-même les travaux d'ornement et de bâtisse ; il était bon architecte, si l'on en juge par le môle qui porte son nom, où il avait imité, pour orner sa tombe, les jardins suspendus de Babylone ; on lui attribue aussi le temple de Vénus et de Rome, dont il reste de beaux débris. Il s'associa, dit-on, pour sa villa, un artiste nommé Démétrius. En même temps, les sculpteurs, les ciseleurs en tout genre, pétrissaient les métaux précieux et taillaient les marbres rares ; on imaginerait difficilement la quantité de richesses accumulée en deux ou trois plis de la terre. Dépouillée par Constantin pour l'ornement de Byzance, gâtée par les Augustes d'Occident, saccagée par Totila en 544, après le sac de Tibur, habitée par Ataulf, ruinée par les Lombards, par les Guelfes et les Gibelins, achevée par la construction des églises et des villas du moderne Tivoli, elle a pu fournir encore de merveilles toutes les collections de Rome ; l'exhaussement du sol donne lieu d'espérer que beaucoup de trésors sont encore sous terre. Alexandre VI y retrouva des Muses et une Mnémosyne que Léon X mit au Vatican, et qui depuis ont disparu. La Farnésine de la Lungara, le Quirinal et la villa Tiburtine, appartenant tous trois aux Este, s'enrichirent d'un Adrien, d'une Cérès, d'un grand buste d'Isis, à cette heure au musée Chiaramonti, d'une fausse Hécate, de trois figures en rouge antique couronnées d'olivier, dont une est aux Conservateurs, et de deux Proserpines avec Cerbère. Au dix-septième siècle, Bartoli mentionne la trouvaille des deux beaux candélabres Barberini, un escalier d'albâtre oriental, et dix statues égyptiennes qui ont dû aller en Espagne. Au dix-huitième siècle, Volpi, Ficoroni, Piranèse parlent du retour à la lumière de superbes mosaïques, plus la Flore, le Faune, l'Antinoüs égyptien, l'Harpocrate, l'Athlète, à cette heure au Capitole, avec les deux centaures et un faune, plus un autre faune, la collection des monuments pseudo-égyptiens, la mosaïque des Colombes sur le vase, le bas-relief sublime d'Antinoüs à la villa Albani, sans compter les colonnes et les ornements d'architecture.

Telle qu'elle est depuis le quinzième siècle, informe et dévastée, la villa Adriana fait encore l'étonnement du touriste; et l'on y reconnaît des traces non équivoques de sa grandeur passée. Elle s'annonce de loin par des files de cyprès au travers desquels paraissent çà et là quelques murs en ruine, que l'on trouve sur une circonférence de sept milles environ.

A un quart de mille du pont Lucano, sous lequel les ruisseaux de Tempé et du Midi se jettent l'hiver dans l'Anio (l'été, fleuves et affluents sont à sec), dans une vigne luxuriante, sous un soleil étouffant, on devine, à quelques fondements en travertin, à quelques débris de moulures et de bas-reliefs, la principale entrée. Aux environs de la belle avenue de cyprès, un petit marécage demi-circulaire représente l'Amphithéâtre grec, où les spectateurs étaient rangés sur des gradins adossés à la colline. La scène et l'orchestre formaient à quelque distance un parallélogramme, soutenu vers le sud par une maçonnerie en contre-bas. Un portique voisin, refuge et *foyer* en cas de pluie, entourait un riant parterre.

A l'est du Théâtre grec, quelques vestiges représentent le Théâtre latin. Entre les deux, se voyait la Palestre, aux irrégularités dissimulées par des galeries et des statues. Ce trou plein de buissons était un Nymphée charmant flanqué de deux fontaines monumentales. Entre ces deux files de cyprès, un sentier conduisait aux réservoirs, aux bains et à l'escalier du Pœcile. Le Pœcile, grand espace carré orné sur trois faces d'un portique à pilastres, était l'exacte copie du monument athénien, avec ses peintures murales, telles que les décrit Pausanias. Il en reste encore de très hautes murailles et une cavité centrale, jadis naumachie, où des joutes aquatiques amusaient l'empereur. Le sol du Pœcile, presque entièrement artificiel, reposait sur une immense caserne à plusieurs étages, puissante et massive construction que le temps n'a pu totalement anéantir ; on entre encore dans quelques-unes des cent chambres (*cento camerelle*), munies chacune de sa porte et de sa fenêtre. Chaque étage avait un promenoir en bois qui reliait les escaliers des angles ; on croit que les prétoriens déposaient leurs enseignes dans une tourelle adossée au flanc méridional du Pœcile, qui formait comme la terrasse et le couronnement du prétoire.

On vous montre, à l'orient du Pœcile, une *Schola*, ancien lieu de conversation. Un théâtre maritime où un *Euripe* circulaire, maintenu par deux berges concentriques, environnait une île décorée de quatre fontaines qui l'alimentaient. Il y avait à l'entour un jardin planté d'arbustes fleuris. Quatre ponts, coupant l'Euripe aux bords pavés de mosaïques, répondaient à quatre portiques courbes réunis au centre de l'île, qui séparaient les quatre fontaines, et dont les colonnes moyennes, sans cesse mêlées par les lois changeantes de la perspective, produisaient l'effet d'un taillis de toutes couleurs, à la fois étrange et régulier.

A peine avons-nous énuméré la moitié des merveilles entassées dans la villa Adriana. Il faut y joindre, aux environs du Nymphée, deux bibliothèques, l'une grecque et l'autre latine, avec une vaste salle donnant sur un jardin décoré de portiques ; plusieurs voûtes souterraines ou corridors, sortes d'étuves nommées *Elio-Cammini* ou *Stufa-Solari*, dont les soupiraux masqués par des broussailles ne sont plus que des pièges pour les pieds imprudents ; des salles hypèthres ouvertes sur la vallée de Tempé, et qui n'avaient pour toits que des tentures de pourpre ; un stade disposé autour d'un bain, les Thermes du midi, un Panthéon pareil à celui d'Agrippa, des prisons sous terre, un mausolée rond qui rappelle le château Saint-Ange, des temples circulaires, octogones, carrés, dont les Vénus et les Dianes ont passé dans les musées, et les Enfers qu'on croit reconnaître encore ; le Prytanée; le Cynosarge, et surtout, parmi les souvenirs d'Athènes, les nobles bâtiments de l'Académie, élevée sur une haute plate-forme à l'occident, flanquée d'une petite tour où eût habité le misanthrope Timon, et pourvue d'un Odéon construit vers 134-137, le tout au milieu d'un grand bois d'oliviers.

L'Égypte était représentée par un Pseudo-Canope, tout préparé pour les fêtes de Sérapis (an 123), et si plein de curiosités qu'on a pu en meubler toute une salle du Capitole.

Au dix-huitième siècle, le cardinal Marefoschi et le comte Centini exécutèrent des fouilles sur l'emplacement du palais, dont quelques murs à peine décelaient l'existence. Ils parvinrent à des données assez complètes et assez exactes sur la configuration de l'édifice, grâce aux colonnades de marbres précieux qu'ils y trouvèrent et à quelques accessoires principaux d'habitation qui les aidèrent à distribuer çà et là les divers appartements. Sept ou huit mosaïques du premier ordre allèrent et sont encore au Vatican ; les colonnes entrèrent dans la construction de l'édifice pontifical ; mais il en résulta qu'il est impossible, sans le plan qui fut alors tracé, de se faire sur les lieux mêmes une idée approximative de la splendeur de ce palais qu'on appelle encore aujourd'hui la « *Piazza d'Oro.* »

En restituant, comme on l'a tenté, tous ces édifices si divers, il sera toujours impossible de leur rendre l'harmonie qu'ils empruntaient à mille artifices, aux charmes des collines factices, des fontaines, des arbres variés et des jardins sans nombre. L'imagination fera plus ici que toutes les mesures des architectes ; quand je visitai ce qui fut la villa Adriana, je l'avais refaite dans ma tête, et le contraste de ma vision intérieure avec la sauvage nudité de ces ruines désolées m'arracha un cri d'admiration pour la puissance humaine qui sait transformer en merveilles et en délices la stérilité d'une nature ingrate.

D'après une peinture de Pompéi.

CHAPITRE TROISIÈME

JARDINS DU MOYEN AGE

L'Alhambra, porte du Jugement.

I

Résidence des empereurs byzantins. — Childebert aux Thermes. — Jardins de saint Louis et de Charles V. — Le *Lai de l'Oiselet* et le *Roman de la Rose*. Boccace. — Jardins du roi René.

L'histoire de l'empire grec est moins dans le sombre tissu des événements militaires et des disputes religieuses que dans le réseau compliqué de ces antichambres, de ces galeries, tant de fois balayées par le ventre des patrices, de ces jardins mystérieux où dépérissaient les empereurs, jusqu'au jour où la conspiration permanente éclatait sur leur tête. Ici, l'on prenait les insignes de l'empire ; là, on baisait la terre ; là, on se faisait baiser les pieds : plus loin, on montait à cheval ; mais il fallait attendre que les ostiaires, les spathaires, les sénateurs, les préfets, toute une cohue empanachée, se fussent rangés en procession devant, derrière et sur les côtés. C'était un chaos de colonnades, de coupoles, de terrasses, agglomérées, accumulées par le caprice des Justins et des Léons, Porphyrogénètes et Copronymes.

Constantin d'abord avait établi, en face et sur le prolongement des murs orientaux de Sainte-Sophie, les appartements de Chalcé, de Daphné, de la Magnaure, et les tribunes qui dominaient l'hippodrome ; Justinien, Justin II accrurent et embellirent ces demeures avec un luxe tout oriental. Dans la vaste enceinte, autour du Chrysotriclinium, vaste salle du trône dont la coupole s'appuyait sur huit absides, des bains, des gardes-meubles, des pavillons de plaisance, pavés de marbres précieux, de mosaïques, constellés de gemmes, occupaient, au milieu d'immenses jardins, un espace qui pouvait égaler en étendue l'emplacement du Louvre et des Tuileries. On comptait, au dixième siècle, sept péristyles, huit cours plantées, quatre grandes églises, dix-sept salles à manger, cinq salles du trône, dix galeries et neuf palais. Constantin VII, Porphyrogénète, artiste habile et souverain fainéant, nous a laissé de sa demeure une description qui a permis à M. Jules Labarte d'en reconstituer avec vraisemblance l'ensemble et les détails. Et de ces magnificences, il ne reste rien : l'opinion commune place l'ancien palais dans le jardin du Sérail ; mais il n'en occupait probablement qu'une très faible partie ; son enceinte descendait bien au delà, vers le sud, en bordant la mer à l'orient. Comment étaient conçus et plantés les jardins ? Sans doute comme ils pouvaient l'être dans la villa Adriana, comme ils le sont dans les résidences de la Perse ou de la Turquie ; on y voyait des citernes entourées d'innombrables colonnes, des bassins, des fontaines, de grandes avenues et des parterres. Quel que fût leur plan, leur aspect ne pouvait manquer de grandeur et de beauté. La nature avait tant fait pour eux ! Il suffisait que l'art s'abstînt d'y masquer les riantes perspectives du Bosphore et de la côte d'Asie.

Le moyen âge occidental n'innova guère en fait de jardins. A Constantinople, à Rome, à Paris même, il suivit la tradition plus ou moins effacée de l'art gréco-romain. Les chefs mérovingiens eux-mêmes ne s'affublaient-ils pas des insignes des patrices? ne bégayaient-ils pas le latin? Héritiers de ceux qu'ils avaient dépossédés, ils accommodèrent à leur usage les titres, les palais et les jardins des empereurs. Tout en préférant ce qui ressemblait à leur forêt natale, ils quittaient souvent leur vaste domaine de Compiègne pour habiter les Thermes de Julien et le jardin de Constance Chlore, grand espace compris entre Saint-Germain des Prés (autrefois Saint-Vincent) et un beau canal alimenté par la Seine, qui ne fut comblé qu'au quinzième siècle. C'était encore sous Childebert un verger bien fourni de fleurs et de fruits, comme nous l'apprend une assez plate rapsodie de Fortunat.

« Ici, le printemps vermeil fait naître des gazons verdoyants et sème des roses dignes du paradis par leur odeur. Là, un jeune pampre défend l'ombre contre les ardeurs de l'été et offre des toits de feuillages à la vigne coiffée de raisins. Des fleurs variées émaillent le sol ; la blancheur et la pourpre ont revêtu les fruits. L'été s'adoucit, tandis que mollement, avec un tendre murmure, la brise légère ne cesse de balancer les pommes suspendues. Ces pommes, c'est le roi Childebert qui les a greffées amoureusement ; elles lui sont d'autant plus chères que la reine les lui a données de ses mains. Peut-être est-ce du noble jardinier qu'est restée aux plantes cette saveur miellée (oh ! la saveur de Childebert !) ; on dirait qu'il y a mêlé d'invisibles rayons de miel. L'honneur que le roi leur a fait assure aux fruits nouveaux une double grâce : suave odeur au nez, saveur douce à la bouche. Comment s'étonner qu'il ait tant fait pour le salut des hommes, celui dont le toucher même laisse aux fruits une odeur qui plait. Ah! que cet arbre à jamais engendre un fruit heureux, afin que tout homme garde la mémoire d'un *pieux* monarque. Et toi, Ultrogotho, possède ce jardin, à jamais heureuse, toi troisième avec tes deux enfants, mère triomphante! »

Charlemagne s'occupa des jardins royaux, et dressa, dans un curieux capitulaire, la liste des plantes qu'il voulait y voir cultivées. Le jardin de saint Louis, assez restreint, occupait la pointe de la cité; sa riante perspective pouvait remplacer avec avantage le terre-plein du pont Neuf, la statue de Henri IV et l'affiche haut placée du dentiste Dorigny. Puisque la place Dauphine doit bientôt disparaître, souhaitons qu'entre les deux bras de la Seine soit rétabli le jardin de saint Louis : il n'y aurait pas besoin de détruire le pont Neuf; d'agréables escaliers monumentaux serpentant le long des quais des Orfèvres et des Morfondus permettraient, l'été, de respirer les brises salubres de la rivière. Hélas! il faudrait d'abord supprimer les égouts : nous n'avons plus de Childebert pour embaumer les fleurs et les fruits.

Les jardins de Charles V, dans le quartier Saint-Paul, étaient non seulement plantés d'arbres fruitiers, mais encore couverts de fleurs, distribuées soit en plates-bandes ou en bordures, soit en carreaux? ils offraient toutes les plantes potagères. On aimait alors beaucoup le romarin, la sauge, la

marjolaine, la lavande, les giroflées et les roses.
Il y avait aussi de grandes treilles disposées en
tonnelles et en pavillons, dont les treillages en
losanges étaient ornés de fleurs de lis ; ceux des
coins étaient alternativement ronds et carrés, terminés par une espèce de clocher surmonté d'une
boule dorée ou d'une girouette aux armes de
France. Il fallait qu'ils fussent assez grands, puisqu'ils renfermaient des bancs de gazon, des sièges
et un préau ou pelouse. Au milieu du jardin jaillissaient une fontaine et probablement un jet
d'eau. On y voyait encore une grande volière d'oiseaux rares, et surtout de tourterelles et de
papegaus ou perroquets, pour lesquels Charles V
avait une grande prédilection ; aussi avait-il à
l'hôtel Saint-Paul une superbe cage octogone pour
son perroquet. Il y avait aussi un *sauvoir* ou
vivier.

En général, les jardins du moyen âge, entre le
sixième et le quinzième siècle, manquaient de
perspective et de grandeur ; c'étaient des carrés
plus ou moins grands, subdivisés en carrés d'arbres ou de fleurs assez communes, et parfois raccordés avec un rond-point circulaire.

On lit dans le *Lai de l'Oiselet* la description d'un
agréable jardin :

Du courant d'enceinte se détachait un bras
d'eau qui venait isoler circulairement dans l'enclos
un verger charmant. Là se trouvaient des roses,

des fleurs et des épices de toute espèce, et en si grande abondance que, si on y eût apporté un mourant pour lui faire respirer le baume qu'elles exhalaient, elles l'eussent dans l'instant rappelé à la vie. Le terrain était uni et sans aspérité. Les arbres, quoique fort élevés, avaient tous une hauteur égale, et quelque fruit qu'il vous plût de leur demander, ils pouvaient vous l'offrir. Au milieu du verger, s'élevait en bouillonnant une fontaine qui allait perdre dans la rivière ses eaux claires et fraîches. Elle était ombragée par un pin dont les rameaux épais et éternellement verts, aux jours les plus brûlants de l'année, la défendaient du soleil.

Mais c'est surtout l'auteur du *Roman de la Rose* qui a rassemblé dans son jardin idéal tout ce que pouvait rêver de plus beau en ce genre l'imagination de ses contemporains. Ses fleurs, ses arbres, ses oiseaux et ses fontaines sont jetés un peu au hasard comme ses vers enfantins, souvent puérils, souvent aussi malins ou gracieux. On a plaisir à écouter un moment son babil et à le prendre pour guide dans les mignardes prairies dont il a encadré ses fictions naïves.

Oisiveté se charge de nous introduire « au jardin tout vert » où siègent *Déduict* et sa cour ;

> Et ne fut oncques lieu si riche
> D'arbres et d'oisillons chantans.
> Car par les buissons bien sentans,

Y en eut trois fois plus qu'en France,
Et tant fut belle l'accordance
De leur musique à escouter
Qu'elle pouvoit tout deuil oster.

Il y a de quoi se croire

Venu en paradis terrestre.
Car leur chant estoit gracieulx
Comme une voix venant des cieulx.
Violette y estoit moult belle,
Et aussi parvanche nouvelle ;
Fleurs y estoient rouges et blanches,
De toutes diverses couleurs,
De hault prix et de grans valleurs,
Tres refragrans et odorans,
Là estoit mainte bonne espice,
Cloux de girofle et regalice,
Graine de paradis nouvelle,
Litail, anis, aussi cannelle.

Jamais non plus on ne vit tant de fruits de tout climat : grenades, muscades, amandes, figues, dattes, coings, pêches ;

Les chataingnes, pommes et poires,
Neffles, prunes, blanches et noires :
Serises fresches nouvellettes,
Cormes, alises et noysettes,
Les haults lauriers et les haults pins
Estoient là dedans ces jardins ;
Oliviers aussi et cyprés,
Dont il n'en est guéres si près ;
Les ormes y estoient branchez,
Et aussi gros chesnes fourchez.
Que vous iroys-je plus comptant ?
Des arbres divers y eut tant
Que ce me seroit grant encombre
De vous les déclairer par nombre.

Ce n'était pas un taillis, c'était une futaie régulière, laissant entre les files d'arbres de larges allées, mais cependant si drue et si épaisse que les rayons du soleil n'en perçaient pas les ombrages,

> Ne ne pouvoient en bas descendre
> Ne faire mal à l'herbe tendre.
> Au verger sont dains et chevreulx
> Et aussi plusieurs escureulx
> Qui par sur les arbres sailloient ;
> Connins (lapins) y estoient qui yssoient
> Bien souvent hors de leurs tanières.
> En moult de diverses manières.

Enfin,

> Par lieux, estoient clères fontaines.
> Sans barbelottes et sans raines ;
> L'eaue alloit aval en faisant
> Son mélodieux et plaisant.
> Aux borts dés ruysseaux et des rives,
> Poignoit l'herbe drue et plaisant,
> Grand soulas et plaisir faisant.

Boccace nous fait un tableau analogue, bien que déjà moins confus, d'un jardin italien au quatorzième siècle, que l'on croit être la villa Rinuccini. C'était un grand espace clos de murs et attenant à un palais. « Au centre et tout autour couraient de larges allées droites et couvertes de treilles en berceaux. » On peut comprendre, sans forcer le sens, que toutes les allées rayonnaient d'un point central. Les fleurs sans nombre répandaient un tel parfum que l'on croyait marcher « à travers toutes les épices de l'Orient. » Les rosiers blancs et rouges faisaient, aux deux bords des allées, comme des murs impénétrables, si bien qu'on se promenait à l'abri du soleil, « sous un ombrage d'une odeur exquise. »

Au milieu, dans un cercle verdoyant d'orangers et de cédrats, « s'étalait une pelouse d'une herbe presque invisible, mais d'une verdure si épaisse qu'elle en paraissait noire, » émaillée de mille variétés de fleurs ; une fontaine de marbre blanc en occupait le centre et lançait un grand jet d'eau debout sur une colonne, comme la flamme sur un chandelier, mais si vigoureux et si haut « qu'il aurait fait marcher un moulin. » L'eau retombait dans la vasque avec un bruit délicieux, se répandait en canaux souterrains, « et ressortant en mille branches charmantes et admirablement tracées, revenait au jour pour baigner le tour de la pelouse. De là d'autres canaux la portaient par tout le reste de l'enclos, se réunissant enfin dans un dernier endroit où était la sortie du jardin. Elle descendait alors, toujours pure, vers la plaine, et en courant faisait, avec beaucoup de force et certes au grand profit du propriétaire, tourner deux moulins.

« Les visiteurs allant d'un côté et d'un autre, entendaient partout plus de vingt espèces d'oiseaux chanter à l'envi ; c'était une dernière beauté du lieu dont les autres les avaient empêchés de s'apercevoir. En effet, le jardin contenait peut-être cent espèces de superbes bêtes, qu'ils se montraient réciproquement. D'un côté partaient des lapins, d'autre des lièvres ; là reposaient des chevreuils, là paissaient des daims ; enfin quelques autres familles d'animaux tranquilles et doux s'ébattaient comme nos bêtes domestiques. »

L'Angleterre, qui devait inaugurer, trois ou quatre cents ans plus tard, une si complète révolution dans le dessin des parcs, n'entendait pas, au moyen âge, les jardins autrement que la France et l'Italie. Elle semble même y avoir appliqué un goût beaucoup plus mesquin et toutes sortes de colifichets usités en Hollande ; en somme, le plan est toujours dirigé selon des lignes droites.

« A Warwick-Castle, dit Walpole, il y a une tapisserie moyen âge qui représente un jardin très analogue à de certaines fresques d'Herculanum : petits enclos carrés fermés par des treillages et des espaliers, ornés régulièrement de vases, de fontaines, de cariatides ; élégante symétrie appropriée au petit espace qu'on donne aux jardins dans les villes. »

Il est probable que la France posséda, vers la fin du moyen âge, les modèles des jardins. Ils étaient dus aux loisirs de René d'Anjou, aussi habile aux arts de la paix qu'impropre à ceux de la guerre et de la politique.

Aux environs d'Angers, à l'entour d'une grotte

qui rappelait à sa femme Isabelle celle de la Sainte-Baume, le bon roi René dessina lui-même un jardin qu'un sol schisteux semblait condamner à la stérilité. La patience et l'imagination triomphèrent de la nature; où végétaient les pâles bruyères, s'épanouirent, pour la première fois dans l'Anjou, la rose de Provins et l'œillet. Entre de belles allées d'arbres s'étendirent des massifs de verdure et des parterres émaillés de raretés horticoles. René donnait à ce lieu le nom de la Baumette.

Mais son séjour de prédilection était sa bastide de Provence, où il aimait à guider lui-même les visiteurs et les étrangers, et où il passa les derniers moments de sa vie. Un sol très mouvementé ajoutait à la beauté des plantations la variété des formes et des perspectives; une admirable exposition favorisait la croissance d'arbres rares et de fleurs nouvelles; aux jardins d'Aix, au zèle du roi René, le Midi doit l'expansion de la culture du mûrier, l'acclimatation de la canne à sucre et l'amélioration du raisin muscat. L'ordonnance de cette villa devançait, à ce qu'il semble, les élégantes conceptions de la Renaissance, dont les premiers rayons éclairaient les dernières années du quinzième siècle. C'étaient d'immenses terrasses disposées en amphithéâtre, et qui toutes se reliaient à l'habitation. Deux collections de fleurs rares et d'oiseaux curieux, les plus riches du monde, y enchantaient de longues galeries cou-

La Baumette, jardin du roi René.

vertes ou à ciel ouvert. De limpides ruisseaux, traversés çà et là de légères passerelles, venaient former au bas des terrasses d'immenses viviers qui en complétaient l'ensemble, et où se jouaient toutes les espèces connues de poissons d'eau douce.

II

Les Arabes à Palerme, à Valence, à Cordoue, [à Séville et à Grenade; l'Alhambra et le Généralife. — Le jardin de Sse-ma-Kouang. — Les villas de Netzahualcoyotl et de Montézuma ; Tezcuco, Chapoltépec; jardins flottants de Mexico.

Les Arabes, dont la civilisation jeta, du huitième au quatorzième siècle, un si vif éclat, excellaient à répandre la fraîcheur des eaux dans des jardins réguliers comme les nôtres, exubérants comme la nature méridionale.

La pièce d'eau des jardins de la Ziza, à Palerme (950), entourait un pavillon décoré de mosaïques, de stucs, et surmonté d'une coupole éclatante. A quelque distance, se trouvait un parc d'environ deux milles de circuit, encore admiré au seizième siècle. La pièce d'eau centrale, vaste et solidement pavée en pierres de tailles carrées, était dominée par un charmant édifice constellé de caractères arabes. Un long portique, çà et là interrompu par de petits pavillons à jour, marquait le milieu des jardins ; des murs en dessinaient l'enceinte.

L'art moresque a surtout laissé des traces en Espagne ; c'est lui qui créa vers 920, les *Huertas* de Valence et de Murcie, charmantes plaines fécondées par des canaux qui existent encore. A Séville, l'Alcazar et le patio de la cathédrale ont gardé leur physionomie arabe. On y voit des allées pavées en briques posées à plat et assemblées en point de Hongrie. Souvent les briques sont percées de trous garnis de viroles en métal, disposées en lignes obliques ou droites, de manière à former des dessins. Tous ces petits trous que boucherait une grosse épingle, sont autant de jets d'eau microscopiques destinés à rafraîchir les pieds des promeneurs, douce invention dans cet ardent climat. « Ce jeu charmant existe encore ; l'eau vient de partout ; elle file tout droit ou vous attaque du milieu de l'allée, des bordures de toutes les pierres ; on ne sait où fuir ; en un instant, le sol est inondé, l'air rafraîchi et le promeneur trempé. »

A l'Alhambra de Grenade, l'eau circule partout, fontaine ou cascade, recueillie au centre des patios dans de grands réservoirs ; elle coule encore dans les massifs d'orangers, de cyprès, de cerisiers, d'acacias, dans les grandes allées de peupliers qui entourent le palais. « Un bras du Darro a été dé-

L'Alhambra (porte et galerie des Abencérages).

tourné par les Arabes et amené de plus de deux lieues sur la colline de l'Alhambra. »

Chaque maison de Grenade avait son patio, avec une fontaine entourée d'orangers. Au Généralife, les fontaines, les jets d'eau, les cascades de marbre, à la forme près (car les modes tourmentées du siècle dernier n'ont point épargné ces lieux), ont conservé leur physionomie moresque.

« Un canal, revêtu de marbre, occupe toute la longueur de l'enclos et roule ses flots sous une suite d'arcades de feuillages formées par des ifs contournés et taillés bizarrement. Des orangers, des cyprès sont plantés sur chaque bord; un de ces cyprès, d'une monstrueuse grosseur, remonte à Boabdil, et s'appelle le cyprès de la sultane. La perspective est terminée par une galerie, portique à jets d'eau, à colonnes de marbre, comme le patio des myrtes de l'Alhambra. Au milieu d'un des bassins s'épanouit en immense corbeille, comme une explosion de fleurs, comme le bouquet d'un feu d'artifice végétal, un gigantesque laurier-rose d'un éclat et d'une beauté incomparables. » Les ruisseaux descendent par des rampes rapides et des rigoles en tuiles creuses. A chaque palier, des jets abondants partent du milieu de petits bassins et poussent leur aigrette de cristal jusque dans l'épais feuillage du bois de lauriers dont les branches se croisent au-dessus d'eux. La montagne ruisselle de toutes parts.

C'est aux travaux hydrauliques des Arabes que « Grenade doit d'être le paradis de l'Espagne et de jouir d'un printemps éternel sous une température africaine. » (Th. Gautier.)

La Chine continuait, au moyen âge, la tradition du jardin irrégulier. On sait que ses arts ne changent point. Tels nous avons vu les parcs de Wen-Wang et de Chi-Hoang-Ti, tel nous verrons le jardin du Palais d'Été, tel encore nous apparaît, au onzième siècle, celui que Sse-ma-Kouang, premier ministre sous la dynastie des Song, s'est plu à dessiner et à décrire.

Que d'autres, nous dit-il, bâtissent des palais pour enfermer leurs chagrins et étaler leur vanité ! Je me suis fait une solitude pour amuser mes loisirs et causer avec mes amis. Vingt arpents de terre ont suffi à mon dessein. Au milieu est une grande salle ou j'ai rassemblé cinq mille volumes pour interroger la sagesse et converser avec l'antiquité. Du côté du midi on trouve un salon au milieu des eaux qu'amène un petit ruisseau qui descend des collines de l'occident; elles forment un bassin profond, d'où elles s'épandent en cinq branches, comme les griffes d'un léopard, et, avec elles, des cygnes innombrables qui nagent et se jouent de tous côtés.

Sur le bord de la première, qui se précipite de cascade en cascade, s'élève un rocher escarpé, dont la cime, recourbée et suspendue en trompe d'éléphant, soutient en l'air un cabinet ouvert pour prendre le frais et voir les rubis dont l'aurore couronne le soleil à son lever.

La seconde branche se divise à quelques pas en deux canaux, qui vont serpentant autour d'une galerie bordée d'une double terrasse en feston, dont les palissades de rosiers et de grenadiers forment le balcon. Là branche de l'ouest se replie en arc vers le nord d'un portique isolé, où elle forme une petite île. Les rives de cette île sont couvertes de sable, de coquillages et de cailloux de diverses couleurs ; une partie est plantée d'arbres toujours verts. L'autre est ornée d'une cabane de chaume et de roseaux comme celles des pêcheurs.

Les deux autres branches semblent tour à tour se chercher et se fuir, en suivant la pente d'une prairie émaillée de fleurs dont elles entretiennent la fraîcheur ; quelquefois elles sortent de leur lit pour former de petites nappes d'eau encadrées dans un tendre gazon ; puis elles quittent le niveau de la prairie et descendent dans des canaux étroits où elles s'engouffrent et se brisent dans un labyrinthe de rochers qui, leur disputant le passage, les font mugir et s'enfuir en écume et en ondes argentines dans les tortueux détours où ils les forcent d'entrer.

Partout des pavillons sont disséminés dans les bosquets de bambous touffus, sur les pentes de la colline et dans la gorge de la vallée. Ici des parterres défendus par des cèdres antiques, là des saules pleureurs, des garennes rocheuses dont les lapins « rendent aux poissons des étangs les terreurs qui les agitent, » des îles de roseaux, des ponts de toute forme et de toute matière, des lotus sur les eaux, de brillants volatiles sur les branches, au loin des montagnes d'azur, des plaines couvertes de laboureurs, et les barques sans nombre qui animent le Kiang. Sse-ma-Kouang sent déjà la nature comme Rousseau. « Le murmure des eaux, le bruit des feuilles qu'agite le vent, la beauté des cieux, le plongent dans une douce rêverie ; toute la nature parle à son âme. »

Les parcs des Aztèques et des Toltèques ne sont point indignes d'être mentionnés, même après ceux des Chinois. A la variété des perspectives, ils réunissent la grandeur, qui a presque toujours manqué aux conceptions chinoises. Dans les nombreuses villas de Netzahualcoyotl (le Renard sauvage), empereur de Tezcuco, poète et législateur, né en 1402, mort en 1462, dont le règne fut l'âge d'or de la civilisation aztèque, on retrouve comme un vague souvenir des tours et des jardins suspendus de Babylone. Et, de fait, les conquérants de l'Amérique centrale partagent avec les Égyptiens et les Chaldéens, — qu'ils n'ont jamais connus, — le goût des terrasses carrément superposées.

Cinq cent vingt escaliers aux marches de porphyre, polies comme des miroirs, décoraient le cône de la colline de Tezcotzinco, à deux lieues encore de Tezcuco, et en reliaient les nombreuses terrasses. Un long aqueduc venait, à travers la vallée, remplir un ample réservoir qui couronnait la montagne ; au milieu du bassin, un vaste rocher racontait en sculptures hiéroglyphiques l'histoire de Netzahualcoyotl. D'autres étangs, ornés de statues symboliques de villes, alimentaient des canaux et des cascades ; l'un était dominé par un lion ailé, taillé dans le roc et dont la face était un portrait de l'empereur. Des portiques et des pavillons de marbre entouraient des piscines creusées en plein porphyre, et que les indigènes ignorants montrent encore sous le nom de Bains de Montézuma.

Au pied de la colline, au milieu d'un bois de cèdres embaumé par les parterres voisins, s'élevaient les toits aériens et les fines arcades de la villa royale.

Au seizième siècle, ces splendeurs lointaines frappaient l'imagination des Européens ; Montaigne en esquisse un tableau digne des contes de fées (liv. III, chap. VI) : « L'épouvantable magnificence des villes de Cusco et de Mexico, et entre plusieurs choses pareilles, le jardin de ce roi (de Mexico), où tous les arbres, les fruicts, et toutes les herbes, selon l'ordre et grandeur qu'ils ont dans un jardin, estoient excellemment formées en or comme en son cabinet, tous les animaux qui naissaient en son estat et en ses mers : et la beauté de leurs ouvrages, en pierreries, en plume, en coton, en la peinture, montrent qu'ils ne nous cédoient non plus en industrie. »

Ces merveilles ont disparu ; quelques cèdres ont seuls survécu aux ravages des conquérants ; ils faisaient encore l'admiration de Padilla et de Pierre Martyr.

Mexico avait aussi ses délicieux labyrinthes, où des fontaines lançaient leurs jets en rosée sur les fleurs. Dix étangs immenses, pleins de poissons, rassemblaient sur leurs bords et sur leurs ondes des peuplades de hérons et de poules d'eau. Une sorte de mosaïque en marbre enchâssait les bassins où se miraient de légers et fantastiques pavillons, pleins de brises parfumées qui assuraient l'empereur et ses femmes contre les ardeurs de l'été.

Mais la plus luxueuse résidence de Montézuma était le royal coteau de Chapoltépec, consacré par le séjour de ses ancêtres. Autour de la base de la colline, sur les bords du lac de Tezcuco, les jardins embrassaient quatre milles. C'est à cette douce résidence, à ses eaux enchanteresses, que se reportait sans doute par la pensée le malheureux Guatimozin, quand les plaintes d'un de ses compagnons d'infortune lui arrachaient ces mots célèbres : « Et moi, suis-je donc au bain ? » ou, comme le veulent d'autres historiens : « Suis-je sur des roses ? »

On y voyait encore au milieu du siècle dernier un bas-relief de porphyre que Gama trouvait d'une bonne exécution. A la place où furent les parterres, de magnifiques cyprès, séculaires déjà lors

Chapoltépec (Mexico).

de la conquête, dressent leurs énormes fûts qui ont cinquante pieds de circonférence. Sur la crête du mont s'élève le château superbe et désolé bâti, vers la fin du dix-septième siècle, par le jeune vice-roi Galvez. Par un bien singulier caprice de la destinée, Chapoltépec est redevenu momentanément, de nos jours, une villa impériale.

Un autre ornement du Mexique, c'étaient les jardins flottants de ses lacs. On raconte, qu'au quatorzième siècle, réduits par plusieurs défaites à leur ville et au lac qui l'entoure, les habitants de Mexico établirent sur des radeaux des terrains artificiels où ils récoltèrent du maïs et des fruits. Au retour de leur postérité, leurs îlots factices devinrent des jardins de plaisance. Diodore en signale de pareils, pour la culture de la vigne, sur certains étangs d'Arabie. En Cachemire, où ils abondent, on les ancre au fond de l'eau par des pieux.

CHAPITRE QUATRIÈME

LA RENAISSANCE

Fontainebleau. Jardin de Diane.

I

Jardin délectable de Bernard de Palissy. — Boboli, à Florence. — Frascati; villas Mondragone, Aldobrandini. — Tivoli, villa d'Este. Villa Borghèse; villa du pape Jules II. Jardins du Belvédère et du Quirinal. Iles Borromées.

La Renaissance est fille de la tradition antique, c'est un jet vigoureux de l'art gréco-romain, triomphant, après mille ans, de la barbarie qui l'étouffait. On peut donc s'attendre à retrouver dans les jardins du seizième siècle les grandes qualités et les petits défauts des villas de Pline ou d'Adrien:

d'une part la symétrie, au moins apparente, des lignes, l'architecture mêlée sans cesse à la végétation, l'habile subordination de la nature à l'art et aux œuvres des hommes; et aussi les fantaisies bizarres, les cabinets et les murailles taillés dans des arbres verts, les noms et les dessins en buis, les surprises désagréables de jets d'eau invisibles, toutes les exubérances du mauvais goût, mais sauvées par la grâce des détails et l'harmonie de l'ensemble. Il faut, pour avoir une idée des singularités qui plaisaient à cette époque ingénieuse et avide de jouissances, parcourir un opuscule de Bernard de Palissy, *le Jardin délectable.* Ce ne sont que cabinets couronnés de terrasses plantées, aux murailles « diaprées de reptiles en émaux coloriés qui sembleront y vivre; » cercles de peupliers dont les cimes attachées en pointe seront munies d'un entonnoir destiné à introduire le vent en divers flageolets aériens; des îlots revêtus d'un fil d'archal dissimulé par des feuillages, pour servir de volières. « L'arrosage se ferait au moyen de conduits de sureau maniables sur des fourches, à deux ou trois pieds de terre, et percés d'une infinité de trous pour ne faire que distiller une rosée. » Si Bernard de Palissy réprouve les pièges qui font tomber le visiteur dans les bassins ou les ruisseaux, et les ressorts qui lui envoyent des jets d'eau dans les jambes, il aime assez à voir des nymphes de marbre renversant leur urne sur la tête du curieux, au moment même où il se complait dans la lecture d'une sentence de Salomon inscrite sur le socle.

La plupart des beaux jardins de l'Italie ont dû à la nature même le plus grand de leurs charmes, la vue. Ils s'adossent à des collines et à des montagnes. Soit que le château les domine ou se cache à leurs pieds, ils offrent toujours des terrasses, de vastes escaliers, des chutes d'eau qui leur donnent le mouvement et la vie ; la pente aussi nécessite des allées obliques et tournantes qui rompent la monotonie assez justement reprochée à nos jardins classiques.

Le jardin Boboli, à Florence, est l'un des modèles les plus purs de ces compositions végétales qui, par le juste accord du goût et de la fantaisie, satisfont complètement l'esprit et les yeux.

Le mouvement du terrain le divise en deux parties distinctes : l'une, basse et se prolongeant jusque vers l'enceinte, renferme d'épais ombrages, des gazons entourés de sombres allées, des eaux étendues en petits lacs ; l'autre, élevée en face du palais qu'elle domine, superpose en terrasses royales, étage en vastes rampes les longues rangées de cyprès et de pins, les statues, les vases de marbre. De ses hauteurs une vue magnifique présente Florence en panorama ; au premier plan, la couleur forte du palais Pitti contraste avec les tons lumineux des lointains. Entre les terrasses et le palais, on peut s'arrêter sur une assez grande esplanade, nommée l'Amphithéâtre, et décorée d'un obélisque égyptien. C'est de là que part une noble avenue qui conduit aux régions supérieures. Sur la droite s'étendent des taillis et des pelouses ; et à peu de distance, au bout d'une allée où les arbres alternent avec les statues, on entre dans une petite île ovale ornée d'une magnifique fontaine ; on y admire la statue colossale de l'Océan, et les trois fleuves qui soutiennent son piédestal. Ce groupe passe pour le chef-d'œuvre de Jean de Bologne. Parmi les autres sculptures, pour la plupart médiocres, brillent des figures de Bandinelli et des ébauches de Michel-Ange, placées dans une grotte, à peu de distance du palais, comme dans un sanctuaire.

L'espace est assez grand pour que divers grands-ducs y aient essayé, sans détruire aucunement le caractère des jardins, certaines cultures utiles, comme celles du mûrier et de la pomme de terre. Dans son plan général et dans sa décoration, Boboli reste toujours l'œuvre de Nicolas Braccini et Bernard Buontalenti, qui le composèrent en 1550.

Il y a autour de Florence un grand nombre de villas historiques : le *Poggio imperiale* qui, de Cosme Ier de Médicis, passa aux Orsini, aux Odescalchi, à Madeleine d'Autriche ; on y monte de Florence par une superbe avenue de cyprès ; au-dessus encore s'élève la colline d'Arcetri, célèbre par ses vignobles : la villa *del Giojello*, où Galilée passa ses dernières années ; la villa Mozzi, séjour favori de Cosme l'ancien ; Careggi, où Savonarole visita Laurent de Médicis à son lit de mort et lui refusa l'absolution ; Rinuccini, aujourd'hui *Palmieri de' tre visi*, asile des héroïnes de Boccace durant la peste de 1348 ; Pratolino, désert aujourd'hui et délabré, dont les eaux jaillissantes et les belles plantations, dessinées par Buontalenti, plurent jadis à Bianca Capello, la terrible et romanesque Vénitienne ; on y voit encore un célèbre colosse de l'Apennin, ouvrage de l'Ammanati. La tragique histoire de cette Bianca Capello et de Laurent de Médicis eut son dénoûment au *Poggio a Cajano*, charmante villa grand-ducale, traversée par le fleuve Ombrone, et où s'est exercée la fantaisie du grand architecte Julien de San-Gallo.

Pise et Padoue sont fières de leurs jardins botaniques, les plus anciens de l'Europe (1544, 1545). A Pesaro, les ducs d'Urbin eurent leur parc. Gênes montre au visiteur charmé le jardin de ses illustres Doria ; le délabrement des colonnades, l'herbe qui envahit les allées, ne peuvent enlever à ces terrasses leur principale beauté, la vue d'une mer plus bleue que le ciel, et dont tous les flots semblent des saphirs taillés à facettes.

Les jardins de Rome et des montagnes voisines n'appartiennent presque plus au seizième siècle ; mais ils ont précédé le style classique et se rattachent étroitement à la Renaissance. Le goût du grand y tourne à l'emphase, et la grâce y dégénère en manière. Des labyrinthes, de splendides escaliers « qui semblent destinés à quelque cérémonie de peuples triomphants conduisent à une maisonnette étonnée et honteuse de son gigantesque piédestal. » Le marbre, l'ardoise, la brique, les buis, les ifs taillés dessinent des arabesques, des devises et des armoiries; des statues jouent de divers instruments mus par les eaux. Le président de Brosses s'est moqué avec une sorte de raison de ces jeux d'eaux, de ces girandes, de ces singuliers concerts hydrauliques. Et cependant, « comme en somme, les palais sont d'une coquetterie princière ou d'un goût charmant; que ces jardins, surchargés de détails puérils, avaient été dessinés avec beaucoup d'intelligence sur les ondulations gracieuses du sol et plantés avec un vrai sentiment de la beauté des sites; enfin, comme les sources abondantes y ont été habilement dirigées pour assainir et vivifier cette région bocagère, il ne serait pas rigoureusement vrai de dire que la nature y a été mutilée et insultée. Les brimborions fragiles y tombent en poussière; mais les longues terrasses, d'où l'on domine l'immense tableau de la plaine, des montagnes et de la mer; les gigantesques perrons de marbre et de lave qui soutiennent les ressauts du terrain, et qui ont, certes, un grand caractère; les allées couvertes qui rendent ces vieux Édens praticables en tout temps ; enfin tout ce qui, travail élégant, utile ou solide, a survécu au caprice de la mode, ajoute au charme de ces solitudes, et sert à conserver, comme dans des sanctuaires, les heureuses combinaisons de la nature et la monumentale beauté des ombrages. » (G. Sand.)

Il n'est pas de site plus privilégié que Tivoli. Sa grotte des Sirènes, ses eaux jaillissantes et claires, l'éternelle fraîcheur des ombrages qui garnissent les flancs de sa vallée profonde, y avaient attiré Mécène, Quintilius Varus, Horace. La fameuse Zénobie, vaincue et prise par Aurélien, y termina sa glorieuse vie. Les modernes n'ont pas été moins empressés à s'y créer de somptueuses retraites ; mais la triste décadence de l'État romain, l'incurie des propriétaires et des riverains du Teverone ont laissé envahir par une humidité malsaine ces régions autrefois renommées par leur salubrité, et tomber en ruines les magnifiques villas construites et aménagées par les plus élégants artistes de la Renaissance.

La villa d'Este, que Pirro Ligorio dessina en 1549 pour le cardinal Hippolyte d'Este, était abandonnée déjà en 1730. S'ils n'étaient pas si mal tenus, dit le président de Brosses, ces jardins surpasseraient tous ceux de Frascati, surtout pour l'abondance des eaux. « La situation ne pouvait être plus heureuse pour s'en donner à cœur joie.

Le domaine bordant la colline et la rivière coulant au-dessus, on n'eut d'autre peine que de faire une saignée dans le lit du Teverone. Aussi y voit-on plus de mille fontaines. Il serait à désirer seulement que de ces mille, on voulût bien en supprimer plus de neuf cents, misérables filets d'eau, purs colifichets, vraies amusettes d'enfants, et préserver les autres de la rouille et du délabrement. »

Le spectateur en est réduit à se figurer les deux lignes des jets d'eau entre lesquels le grand canal passait sur la terrasse comme entre des allées de grands arbres; il lui faut recourir à son imagination pour animer les grandes pièces, la Girande, la Gerbe, le bassin des Dragons, les fontaines de Bacchus, du Triton, d'Aréthuse, de Pégase, les grottes de Vénus et de la Sibylle. Au bout de la terrasse, du côté de la ville, les eaux entraient dans le jardin par un portique orné de colosses, en formant une nappe d'une hauteur et d'une largeur surprenantes. C'était une des belles pièces qu'il fût possible de trouver. A l'autre bout, de ridicules réductions des édifices romains, lançant de minces filets d'eau, lui font un pendant mesquin. Près de cette *Roma antica*, un bosquet renfermait des instruments à vent, des oiseaux qui remuaient les ailes et chantaient d'un ramage enroué, par le moyen de conduits d'air et d'eau. « C'est à peu près comme les contes des fées, que l'on fait aux petits enfants, de la pomme qui chante, de l'eau qui danse et du petit oiseau qui dit tout. » Si les fontaines sont engorgées, les jardins sont en friche, les terrasses sont moisies, les portiques de verdure ont dérangé depuis longtemps la régularité de leurs formes architectoniques. Les cyprès de la terrasse ont pris des proportions gigantesques et ennoblissent le premier plan d'une immense perspective dont Rome fait le fond.

Les collines Tusculanes ne sont, jusqu'à leur point le plus élevé, qu'un immense jardin partagé entre quatre ou cinq familles princières. Et quels jardins! Celui de Piccolomini ne compte plus; mais ici, à l'est, ce sont les platanes séculaires de la villa Falconieri (1548) ; là, sur la hauteur, le casino de la Ruffinella, construit par Vanvitelli sur l'emplacement du gymnase de Cicéron ; plus bas, la Taverna, Conti, aux Torlonia, et Mondragone, aux Borghèse, avec les quatre cents fenêtres de son palais, ses étonnantes cuisines, ses riches cheminées, son beau portique de Vignole et sa magnifique avenue de chênes verts : enfin, à l'ouest, la célèbre villa Aldobrandini, montagne découpée en terrasses couvertes de verdure, de grottes et de cascades, aujourd'hui sans eau, décorée par Jacques de la Porte et Fontana, pour un neveu de Clément VII, qui avait puisé en deux ans plus de cinq millions aux coffres de son oncle.

De ces hauteurs, qui confinent à la villa de Cicéron, la vue s'étend au loin sur les montagnes de la Sabine, les vignobles qui en garnissent le pied, et sur la fauve campagne de Rome, parsemée de débris d'aqueducs et de lambeaux d'architecture, comme d'ossements une nécropole. On admire les avenues de platanes « et de charmilles taillées, les architectures d'escaliers, de balustres et de terrasses. A l'entrée, adossé contre la montagne, un portique revêtu de colonnes et de statues dégorge à flots l'eau qui lui arrive d'en haut sur un escalier de cascades ; c'est le palais de campagne italien, disposé pour un grand seigneur d'esprit classique, qui sent la nature d'après les paysages de Poussin et de Claude Lorrain. » (Taine.)

Le grand jet d'eau du Belvédère-Aldobrandini, à peu près égal à celui de Saint-Cloud, s'élançait avec un bruit effroyable d'eau et d'air, entremêlés ensemble par des tuyaux pratiqués exprès, qui faisaient, dit fort plaisamment de Brosses, « une continuelle pétarade. » La colline tout entière présente trois étages, garnis de portiques et de façades en architecture rustique, couronnés et flanqués de gerbes d'eau et de fontaines. La grande pièce est surmontée de colonnes torses dont les cannelures lançaient l'eau en spirale.

Les avenues d'en bas sont bordées d'orangers, de gradins, de balustrades, de vases pleins de myrtes et de grenadiers qui s'alignent contre des palissades de lauriers. On ne se ferait pas une idée des grâces et des singularités de la villa, si l'on ne consultait quelque voyageur du dernier siècle. De Brosses va nous les décrire avec sa verve gauloise : « La façade du bâtiment a deux ailes en retour et en forme de grotte. Dans l'une est un centaure sonnant du cornet à bouquin; dans l'autre un faune jouant de la flûte par le moyen de certains conduits qui fournissent de l'air à ces instruments : mais c'est une déplorable musique. Ces deux messieurs auraient besoin de retourner quelque temps à l'école, ainsi que les neuf Muses qu'on voit avec leur maître Apollon, dans une salle voisine, exécutant sur le mont Parnasse un chétif concert par le même artifice. Cette invention me parut puérile et sans agrément. Rien n'est plus froid que de voir neuf créatures de pierre, barbouillées en couleur. Près de là, un Pégase fait jaillir une Hippocrène; pourvu que ces princesses et les oiseaux qui les accompagnent ne se donnent pas la peine de rompre la tête aux assistants, ce salon doit être fort agréable pendant l'été. Des conduits, pratiqués sous le pavé, y apportent de l'air qui entre avec assez de force pour soutenir en l'air une boule de bois léger.

« Nous étions assis de très bonne foi sur un parvis du Belvédère pour entendre le centaure jouer de son cornet, sans nous apercevoir d'une centaine de petits traîtres de tuyaux, distribués entre les joints des pierres, qui partirent tout à coup sur nous en arcades. Il y a surtout un excellent petit escalier tournant où, dès que l'on y est engagé, les jets d'eau partent en se croisant en tous sens, du haut, du bas et des côtés. On est pris là sans pouvoir s'en dédire. « La troupe joyeuse rentra à l'auberge absolument trempée, changea d'habits, revint aux cascades, et prit tant de goût à ce qui nous semblerait aujourd'hui une assez mauvaise plaisanterie, qu'une seconde campagne lui valut pareille immersion. Plus de vêtements secs, il fallut s'aller coucher.

Il s'en faut, d'ailleurs, que le délabrement de la villa Aldobrandini l'ait rendue moins charmante et moins poétique.

Rappelez-vous les vers du poète :

> Voulez-vous qu'une tour, voulez-vous qu'une église
> Soient de ces monuments dont l'âme idéalise
>   La forme et la hauteur :
> Attendez que de mousse elles soient revêtues,
> Et laissez travailler à toutes les statues
>   Le temps, ce grand sculpteur !

Dans un coin du parc, on s'était imaginé de creuser le roc en forme de mascaron, et d'ouvrir dans la bouche de « ce Polyphème » une caverne où plusieurs personnes peuvent chercher un abri. « Les branches pendantes et les plantes parasites se sont chargées d'orner de barbe et de sourcils cette face fantastique reflétée dans un bassin. » C'est
>   la grotte où le lierre
> Met une barbe verte au vieux fleuve de pierre.

Le temps a émoussé les contrastes et fondu l'œuvre de l'homme et de la végétation.

> Les arbres ont à peine eu le temps d'oublier
> Les lignes où la serpe enfermait leur verdure ;
> Mais la forme imposée ondoie, et la nature
> Tempère ce que l'art eut de trop régulier.
>
> Des portiques d'ormeaux le cintre diminue,
> Le chapiteau déborde et l'angle s'arrondit.
> La charmille en tous sens se projette et grandit,
> Par l'habitude ancienne à moitié contenue.
>
> Les deux rangs de cyprès qui conduisaient au seuil
> Selon l'heure du jour tournent leurs noires ombres ;
> Et, sans inscriptions, ces obélisques sombres
> Gardent les doux secrets des demeures en deuil ;
>
> Et par l'humide oubli de mousses revêtues,
> En écaille de plâtre à chaque carrefour,
> Semant leur vieille peau sans espoir de retour,
> Pleurent, groupes muets, les joyeuses statues.
>
> Sous les lambris déteints, avec recueillement
> On marche, environné de peintures flétries,
> Et la sonorité des vastes galeries
> Répond à chaque pas par un gémissement.

« Les Pans n'ont plus de flûte, les nymphes n'ont plus de nez ; à beaucoup de dieux badins, il manque davantage encore, puisqu'il n'en reste qu'une jambe sur le socle. Le reste gît au fond des bassins. Les eaux ne soufflent plus dans les tuyaux d'orgue ; elles bondissent encore dans les conques de marbre et le long des grandes girandes ; mais elles y chantent de leur voix naturelle. Les rocailles se sont tapissées de vertes chevelures, qui les rendent à la vérité. Les fraises et les violettes ont tracé des arabesques aux contours des tapis verts ; la mousse a mis du velours sur les mosaïques criardes ; tout a pris un air de révolte, un cachet d'abandon, un ton de ruine et un chant de solitude. » (George Sand.)

La villa Borghèse, malgré son étendue et ses agréments, est loin du charme poétique des villas de Frascati. Nous lui préférerions l'admirable jardin Ludovisi, avec ses haies de lauriers, ses futaies solitaires de chênes verts, ses allées de cyprès centenaires, ses souvenirs antiques, et son enceinte formée par les murailles de Rome, une vraie ruine naturelle. La villa Borghèse, située à quelque distance de la porte du Peuple, était, quand nous visitâmes Rome, la promenade publique du dimanche. C'est un vaste parc de quatre milles de tour, sorti tout entier du trésor pontifical, au temps de Paul V, oncle des Borghèse et Borghèse lui-même.

« A l'entrée, est un portique égyptien du plus mauvais effet ; c'est quelque importation moderne. L'intérieur est plus harmonieux et tout classique : ici un péristyle, là un petit temple, plus loin une colonnade en ruine, un portique, des balustres, de grands vases ronds, une sorte de cirque. Le terrain onduleux courbe et relève de belles prairies toutes rouges d'anémones molles et tremblantes. Les pins, séparés à dessein, profilent dans l'air leur

La villa Borghèse.

taille élégante et leur tête sérieuse ; droits et cannelés comme des colonnes, ils portent leur coupole dans le pacifique azur. Aux détours des allées, les grands chênes dressent leurs vaillants corps de héros antiques, d'une rondeur aussi ample que les arbres d'Angleterre. » (Taine.)

Si les papes prodiguaient à leurs neveux la fortune publique, ils savaient en garder pour l'embellissement de leurs propres demeures.

Les jardins du Quirinal, composés au dix-septième siècle pour le pape Urbain VIII, « s'étagent depuis le sommet jusqu'au bas de la pente ; il semble qu'on se promène dans un paysage de Pérelle ; hautes charmilles, cyprès taillés en forme de vases, plates-bandes bordées de buis qui font des dessins, colonnades et statues. Le jardin a la régularité froide et la correction grave du siècle. Ces jardins ainsi entendus conviennent mieux en Italie que chez nous. Les charmilles sont en lauriers et en buis, qui durent l'hiver et qui, l'été, préservent du soleil ; les chênes-lièges, qui ne perdent jamais leur verdure, font en tout temps un ombrage épais ; les murailles d'arbustes vivaces arrêtent le vent. Les eaux, qui jaillissent de tous côtés, occupent les yeux par leur mouvement et conservent la fraîcheur des allées. Des balustrades, on aperçoit toute la ville, Saint-Pierre et le Janicule, dont la ligne sinueuse ondule dans la pourpre du soir. On descend ensuite par de grands escaliers, ou sur des pentes adoucies, jusqu'au bassin central où cinquante jets d'eau partis des bords viennent rassembler leurs eaux bleuâtres. Tout à côté, une rotonde pleine de mosaïques offre, sous sa voûte, l'ombre et la fraîcheur. » (Taine.)

On trouve, dans le beau jardin du Vatican, des traces intéressantes de la première Renaissance ; un vaste parterre, commencé par Nicolas V, y fut agrandi et embelli par Jules II sur les dessins de Bramante. Dans la façade principale des bâtiments qui l'entourent se creuse une niche où l'on voit deux paons et une grande pomme de pin en bronze qui décoraient jadis le môle d'Adrien. Suit un autre jardin où Pie IV fit construire par Pirro Ligorio un somptueux casin, décoré de belles colonnes et de statues. C'est la villa Pia. Nombreux et variés sont les bassins et les jeux d'eau, parmi lesquels il faut remarquer une petite vasque de bronze d'où s'élancent à grand fracas cinq cents jets gracieux.

Bien qu'un peu bagatelle, elle est tout à fait curieuse et amusante. Elle figure une espèce de navire percé de deux rangs de pièces de canon ; autour de ses mâts, de ses vergues, de ses banderoles, des filets d'eau forment les cordages et les agrès. Les canons tirent des jets d'eau. Des jets d'eau encore couvrent du haut en bas le rocher qui abrite le bassin de la fontaine.

Jules II, de belliqueuse mémoire, le contemporain de Michel-Ange, s'était fait bâtir et dessiner par Vignole une élégante villa, hors des murs, du côté de la porte du Peuple. Des piliers corinthiens y supportaient le portique d'une cour circulaire. A gauche se développe une large rampe, escalier sans marches que l'on pouvait monter à cheval ; elle conduit à une délicieuse *loggia* soutenue par des colonnes, élargie par un vaste balcon. C'était là que Jules, après souper, s'entretenait de littérature et d'art avec Michel-Ange, avec Raphaël ou Bembo. La masse de la construction a résisté au temps ; mais les jardins ont disparu. Les canards se baignent dans les cascades ; les laveuses battent leur linge sur le rebord des vasques de marbre. Les colonnes ont les pieds dans le fumier, et des hangars masquent la belle ordonnance des bâtiments.

Terminons par quelques mots du président de Brosses sur les îles Borromées, particulièrement sur l'*Isola bella*, décorée dans le courant du dix-septième siècle (1670) par le prince Vitalien Borromée.

« Une quantité d'arcades, construites au milieu du lac, soutiennent une montagne pyramidale coupée à quatre faces, revêtue de trente-six terrasses en gradins l'une sur l'autre, savoir : neuf sur chaque face ; mais ce nombre n'est pas si grand, à cause des bâtiments qui occupent une partie des faces de la pyramide. Chaque terrasse est tapissée, dans le fond, d'une palissade soit de jasmins, soit de grenadiers ou d'orangers, et revêtue sur son bord d'une balustrade chargée de pots de fleurs. Le comble de la pyramide est terminé par une statue équestre formant un jet d'eau, et les quatre arêtes sont chargées sur les angles de statues, obélisques et jets d'eau.

« Cela ne ressemble à rien qu'aux palais des contes de fées. Le jardin n'est pas, à beaucoup près, aussi agréable en dedans qu'à l'aspect. Cependant il y a des endroits exquis, comme bocages de grenadiers et d'orangers, corridors de grottes, et surtout de vastes berceaux de limoniers et de cédrats chargés de fruits. »

Ces jardins, mal entendus en bien des endroits, n'en seront pas moins toujours beaux, par les perspectives qu'ils offrent et par celles qui les entourent ; il n'y a rien de plus riche et de plus riant que les bords du lac Majeur, avec leur végétation exubérante et leur horizon de montagnes neigeuses.

II

Anet, Gaillon, Fontainebleau. — Seconde Renaissance sous Henri IV : Parterres des Tuileries, de Saint-Germain, du Luxembourg. — Éloge du buis, par Olivier de Serres. — Rueil.

« Il ne faut voyager en Italie ni ailleurs, » dit Olivier de Serres, « pour voir les belles ordonnances des jardinages, puisque notre France emporte le prix sur toutes nations, pouvant d'icelle, comme d'une docte école, puiser les enseignements sur telle matière. »

Ducerceau, habile architecte qui décrivit, en 1576-1579, la plupart des belles résidences de la France centrale, mentionne une foule de jardins qui n'avaient rien à envier aux célèbres villas d'Italie : Folembray, avec son parc d'une lieue de tour ; Vallery (à cinq lieues de Fontainebleau), château entouré de vergers, de vignobles, et dont le grand jardin, attenant à un étang et à une héronnerie, était protégé à l'ouest par une galerie de vingt-neuf arceaux; Beauregard et Bury, carrés parfaits, subdivisés en carrés plus petits et bordés des deux côtés par des galeries en charpente, avec pavillons à chaque bout ; Montargis, dont les classiques galeries étaient vêtues de lierre, et le jardin divisé en petits carrés d'arbres nains ; Blois, que de riches parterres ceints de vignes sur charpentes ou sur coudriers, et une longue avenue d'ormes sur quatre rangs, rattachent à la forêt prochaine ; Chantilly, refait et embelli par Le Nôtre ; Chenonceaux encore, et Verneuil, et Anet, et Gaillon. Ces trois derniers semblent avoir surpassé les autres par les charmes de leur site et le profit qu'on en tira. Tous trois possédaient une terrasse et des vues étendues; tel fut, depuis, le charmant jardin de Saint-Germain, dominé par des galeries élégantes et largement ouvert sur la poétique vallée de la Seine. Ducerceau vante les eaux intarissables et le labyrinthe de Verneuil, qu'il appelle un *dédalus*. Pour Anet et pour Gaillon, nous lui emprunterons son langage un peu simple et lourd, mais qui sent son témoin oculaire.

« Derrière le logis seigneurial d'Anet, il y a une terrasse d'où l'on descend au jardin. Sous la terrasse est une longue galerie voûtée. Le jardin est de bonne grandeur et richement accoustré de galeries à l'environ, dont les trois côtés sont tant en arcs qu'en ouvertures carrées, le tout rustique. Le jardin est garni de deux fontaines. Derrière icelui sont deux grandes places servant comme de parcs, séparées et closes. Ces places sont remplies comme parquets, les unes de prés, les autres de taillis, d'autres de bois, de garennes, d'arbres fruitiers, viviers, et iceux sont séparés par des allées et canaux. » — Héronnerie, — orangerie, — volière monumentale.

« Gaillon est accommodé de deux jardins, l'un desquels est au niveau d'icelui, et entre deux une place en manière de terrasse. Or est ce jardin accompli d'une galerie belle et plaisante, digne d'estre ainsi appelée à cause de sa longueur et du moyen comme elle est dressée, ayant sa veue d'un costé sur le jardin, et de l'autre sur ledit val, vers la rivière. Au milieu du jardin est un pavillon où se voit une fontaine de marbre blanc. Quant à l'autre jardin, il est compris en ce val, sur lequel la galerie a son regard merveilleusement grand, joignant lequel est un parc de vignes, dépendant de la maison, non fermé. Outre plus au même val, tirant vers la rivière, le cardinal de Bourbon a fait ériger et bastir un lieu de Chartreuse, abondant en tout plaisir. Il y a davantage en ce lieu un parc, auquel si voulez aller, soit du logis ou bien du jardin d'en haut, il faut souvent monter, tant par allées couvertes d'arbres que terrasses qui toujours regardent sur le val ; et continuant vous parvenez jusques à un endroit où est dressée une petite chapelle et un petit logis avec un rocher d'ermitage, assis au milieu d'une eau, ayant la cuve carrée, et autour d'icelle des petites allées à se promener ; pour auquel entrer il faut passer une petite bascule. Près de là se voit un petit jardin, et dans iceluy force piédestaux, sur lesquels sont posées des figures entières de trois à quatre pieds de hault et de toutes sortes de devises ; avec ce, quelques allées bercées couvertes de couldres. »

Les nombreux remaniements qui ont embelli Fontainebleau n'en ont pas tellement altéré la physionomie ancienne qu'on n'y reconnaisse encore la marque et le cachet de la première Renaissance. Les jardins tiraient leur principale originalité d'un vaste étang contenu par une énorme chaussée revêtue de quatre rangs d'ormes, et de la différence de niveau entre la cour de la Fontaine et le grand parterre. On y voyait un jeu de paume, une palestre, et, comme dans les villas du temps, des bordures de buis ceintes de fossés d'eau courante, des ifs taillés, des tonnelles et des galeries en charpente soutenues par des cariatides peintes en vert, des grottes, des fontaines et de petits monuments, comme le pavillon de Pomone.

Henri IV ne toucha guère à Fontainebleau que pour l'embellir, et il y toucha beaucoup. C'est lui qui éleva, au milieu du canal, une statue colossale du Tibre, fondue sous François Ier, et, dans le grand étang, le charmant pavillon octogone, pro-

Fontainebleau. Cour des Fontaines, vue du Jardin anglais.

pice aux conférences et aux méditations secrètes. Il orna de jets d'eau les carrés du parterre, creusa des viviers dans le jardin des Pins, entoura de palissades monumentales un carré de fleurs qu'ombrageaient quelques grands et vieux arbres. Il recula les fossés du potager et le borda d'agréables galeries qui, d'un côté, se liaient à la grande chapelle et au pavillon de l'Horloge, de l'autre, à ses propres appartements. Ces jolies constructions, terminées par une volière-promenoir, furent endommagées par un incendie; et, sous Louis XIV, une orangerie les remplaça.

Le beau parc, qui semble faire entrer les jardins dans la forêt, est encore l'œuvre d'Henri IV; c'est lui qui le planta et le ferma du grand mur où, sur une longueur d'un mille, au bord du canal, est suspendue la fameuse treille du roi.

On a déjà remarqué que la paix ramenée en France par Henri IV avait été le signal d'une seconde Renaissance, à laquelle ne fut pas étrangère l'influence d'une reine florentine. Jamais on ne conçut d'une façon plus simple et plus élégante à la fois les galeries et les pavillons ; on commença de créer des orangeries, et la Flore s'enrichit de plusieurs végétaux exotiques; Olivier de Serres ne donne pas de plan de jardin sans y dessiner au centre un jardin botanique rond ou carré. Les orangers surtout étaient pour lui l'objet d'une admiration qu'il exprime naïvement :

« Comme ces choses sont ordinairement de grande dépense, aussi ne se laissent-elles manier que par les grands, en France, en Allemagne et ailleurs, où, non sans merveille, voit-on croître et mûrir ces précieux fruits, quoique sous air contraire à leur inclination. Avec beaucoup d'esbahissement cela paraît à Heidelberg, maison de l'Électeur palatin, de laquelle le jardin, nourrissant telles précieuses plantes, est environné d'une grande cloison de charpenterie, et couvert de même durant le mauvais temps, pendant lequel les arbres y sont tenus chaudement par des poêles qu'on y échauffe ; et, par le moyen des grandes fenêtres qu'on ouvre et ferme à volonté, le soleil y entre ès beaux jours pour réjouir les arbres. Finalement, le beau temps venu et la crainte des froidures passée, sont les arbres développés de leurs couvertures et cloisons et laissés au pouvoir de l'été, si que, moyennant ces magnifiques somptuosités, continuellement la douceur du printemps et de l'été règne en ce logis-là, et jamais n'y est sentie la rigueur de l'hiver.

« Ne se peut exprimer la grande beauté de ces précieuses plantes, provenant et de l'immortelle et éclatante couleur verte de leur ramage et des bonnes qualités de leurs fruits, qui, contre le naturel de tous autres, demeurent attachés aux arbres la plus grande partie de l'année ; et ce qui en augmente la grâce, est qu'on voit à la fois sur même tige des petits, des moyens, des grands, voire leurs fleurs les accompagner très longuement, causans très souëfve senteur en lieu où ils sont enfermés. »

L'art de tracer des dessins végétaux atteignait aux derniers raffinements.

« Ici sera montré comme l'on doit se servir des herbes et les employer, ayant égard à leurs facultés, pour l'ornement du parterre, afin de le rendre magnifique, selon les dessins qu'en aurez faits par *la guide* de la fantaisie et la commodité des lieux : ainsi qu'avec admiration plusieurs excellents jardins de plaisir se voyent disposés en ce royaume, mesme ceux que le roi fait dresser en ses royales maisons de Fontainebleau, Saint-Germain-en-Laye, les Tuileries, de Monceaux, Blois, etc. Ce ne pourrait voirement être sans merveille, que la contemplation des herbes, parlans par lettres, devises, chiffres, armoiries, cadrans; les gestes des hommes et bêtes; la disposition des édifices, navires, bateaux, et autres choses contrefaites en herbes et arbustes avec merveilleuse industrie et patience : comme de telles gentilleries l'on remarque à Chanteloup, où ont été assujettis et arbustes et herbes.

« Les myrtes, la lavande, le rosmarin, la trufemande et le bouïs, sont les plus propres plantes pour bordures, et qui plus longuement durent. Et aux compartimens simples, doubles, entrecoupés et rompus, la marjolaine, le thym, le serpolet, l'hyssope, le pouliot, la sauge, la camomille, la menthe, la violette, la marguerite, le basilic, et autres herbes demeurant toujours vertes et basses, comme l'oseille et le persil, qui en cet endroit se laissent marier, et aussi celles qui, avec ces qualités-là, ont quelques attrayantes senteurs. La rüe y est employée, quoique de senteur forte, mais c'est pour sa facilité à se ployer à ce service. »

Mais le *bouïs* prime tout.

« Aux injures des temps résiste le bouïs, sur luy n'ayans aucun ou peu de pouvoir ne froidures ne gelées. C'est pourquoi est-il employé en climat septentrional à l'embellissement des jardins, même à cause de sa grande durée, vivant fort longuement sans beaucoup de culture, dont les ouvrages s'en rendent comme perpétuels et toujours magnifiques. Les bancs du jardin de Gaillon preuvent ces choses : aussi en plusieurs autres beaux jardins de la France se voient avoir duré de longues années de beaux ouvrages façonnés de bouïs, comme siéges, bancs, bâtiments, pyramides, colonnes, hommes, bêtes, que de telle matière, tant elle est ployable, l'habile jardinier contrefait, au contentement de la vue. Ne défaut au bouïs que la bonne senteur. »

Il est curieux de considérer quelques-uns des

compartiments, « que le roi a fait faire à Saint-Germain et en ses nouveaux jardins des Tuileries et de Fontainebleau, au dresser desquels M. Claude Molet, jardinier de sa Majesté, a fait preuve de sa dextérité. »

Ce « carreau » des Tuileries, enrichi d'arabesques inscrites en des carrés, des losanges, des plates-bandes et des cercles, ressemble à s'y méprendre à une riche boiserie. Cet autre est une de ces étoffes soutachées et brochées dont on couvre les sièges. Au milieu d'enrichissements, fleurons, palmettes, verdoye la devise royale, H coupé d'un glaive, croisé des deux sceptres (France et Navarre), le tout lié d'une banderolle. Celui-ci présente un carré aux encoignures rehaussées de carrés plus petits, et flanqué de quatre demi-cercles ; au centre, l'H royal est chargé de faucilles et de caducées. Celui-là, ingénieusement armorié de fleurs de lis et de chimères alternant avec des entrelacs de C (Corysande ?), inscrit dans son riche carré une jolie rose centrale.

A Fontainebleau, on voit des ovales groupés autour d'un cercle d'où rayonnent des sentiers. Dans les jardins de Saint-Germain, les chiffres royaux sont très grands ; les caducées y ont des ailes ; et sur la banderolle (de gravier sans doute), on lit : *Duo proteget unus*, un seul protégera les deux sceptres. Olivier de Serres donne le plan d'un « rond sis à Saint-Germain, accompagné ès deux bouts de bordures qui rendent la planche longue : dont l'on pourra tirer l'adresse de faire un jardin entier, ayant des allées droites, des côtés droits, des diagonales et des courbes. »

L'ancien parterre du Luxembourg était bordé de deux murs de terrasse, l'un à hauteur d'appui, l'autre plus élevé ; entre les deux, circulait une plate-bande fleurie, d'environ quatre mètres de large ; de petits bassins à jets d'eau, communiquant par des rigoles, couronnaient les murs et rafraîchissaient les ifs et les buis de la bordure. Ces mièvreries ont disparu ; mais le plan du jardin, avec ses élégantes terrasses courbes, garde encore la forme générale que lui donna Jacques Desbrosses[1].

Le mauvais goût de la décadence italienne, évité dans nos jardins royaux et princiers, s'était répandu dans les provinces, en Flandre, surtout en Hollande. Près de Harlem, toute une chasse au cerf était représentée en charmille ; l'abbé de Clairmarais, dans son jardin de Saint-Omer, gardait une troupe d'oies, dindons et grues, en if et en romarin ; l'abbé des Dunes au contraire était gardé par des gens d'armes de buis. M. de la Borde a encore vu (1848) à Chambaudoin, en Beauce, des instruments de musique

---

[1] Des accroissements successifs avaient fait du Luxembourg la plus grande et la mieux aérée de nos promenades urbaines. Une mutilation inutile lui a enlevé le quart de son étendue, et sa charmante pépinière. La grande allée de l'Observatoire a été cependant conservée et décorée d'une magnifique fontaine, œuvre de Carpeaux et de Frémiet.

taillés en grand dans les arbres verts et groupés en labyrinthe.

Les jardins de Rueil qui, dit-on, inspirèrent Le Nôtre en quête d'un plan pour Versailles, ont été, sans nul doute, les mieux conçus et les plus richement ornés de l'Occident, dans la première moitié du dix-septième siècle. Le domaine entier constituait une demeure d'une magnificence inouïe pour le temps et qui éclipsait les châteaux royaux. Il appartenait du reste au véritable roi, à Richelieu, qui l'avait créé à grands frais sur l'emplacement d'une petite maison de plaisance achetée à un nommé Moisset. Ce fut vers 1621 que Rueil fut terminé : il avait coûté l'énorme somme de treize cent vingt-six mille livres. L'aménagement des eaux y surpassait tout ce qu'on avait vu jusqu'alors; les jardins étaient semés de curiosités végétales et ornementales : ici les premiers marronniers d'Inde apportés en France étalaient et relevaient au printemps les cinq doigts de leurs feuilles qui semblent des mains ouvertes; là, un arc de triomphe, copie de l'arc de Constantin, précédait la plus riche des orangeries. A l'entour d'un immense parterre qui se déroulait devant la façade, plus de cent jets d'eau élancés retombaient sur une cascade à trois chutes. Trois épaisses colonnes d'écume s'élevaient encore dans une vaste pièce carrée au bout du canal. D'autres eaux jaillissantes animaient le parc, décoré d'une cascade en amphithéâtre.

Parterres, jets d'eau, parc et pavillon sur le lac, où Richelieu présidait son conseil, tout cela n'est plus. Morcelé au dix-huitième siècle, Rueil fut anéanti en 93.

CHAPITRE CINQUIÈME

LE NOTRE

Versailles. Bassin de Flore.

I

Le style régulier. — Versailles, Trianon, Marly, Chantilly, Saint-Cloud, Meudon, Sceaux, villa Panfili.

André Le Nôtre, qui mérita de donner son nom à toute une classe de jardins, moins par son génie inventif que par son habileté à mettre en œuvre les enseignements successifs des âges, à combiner en ses plans toutes les données de ses prédécesseurs, naquit en 1613. Il avait étudié la peinture et s'était lié avec Lebrun; mais, fils d'un surintendant des

Tuileries, et trouvant sa voie toute tracée, il appliqua à l'embellissement des jardins ce qu'il avait appris dans l'atelier de Vouet. Je ne sais si, comme on le dit, il emprunta directement son système aux villas d'Italie ou aux jardins français tels que Gaillon et Rueil; il n'y a guère de différence entre ces manières et la sienne; le parc régulier convenait si bien aux mœurs des ecclésiastiques opulents et des rois absolus qu'il s'imposait de lui-même à tout dessinateur de jardins.

Le Nôtre eut plus de goût que les Italiens de son temps et plus de grandeur que les artistes français antérieurs à Poussin. Sa grande supériorité fut dans l'unité de ses plans; il conçut le jardin comme un prolongement du palais et voulut que, d'un lieu donné, d'un seul coup d'œil, on pût embrasser tout l'ensemble. Au point de vue de l'art, cette conception l'emporte évidemment sur le jardin irrégulier dit chinois ou anglais, qu'on peut détacher sans lui nuire des bâtiments qu'il accompagne, puisqu'il n'en est pas solidaire; le but suprême de l'art n'est point d'imiter la nature, mais d'en accommoder les charmes à la pensée de l'homme et à son service. Si notre œil aujourd'hui est mieux satisfait par des harmonies moins rectilignes, si nous donnons à nos parcs l'apparence de bois et de prairies, nos créations n'en sont pas moins artificielles, et elles aboutissent plus souvent encore à la confusion que les alignements des classiques n'atteignaient à la raideur. Il est d'ailleurs possible d'agencer les deux genres contraires; et Le Nôtre lui-même l'a tenté souvent, à Versailles par exemple, à Saint-Cloud et à Meudon, avec non moins de bonheur que les dessinateurs paysagistes à Ermenonville ou à Morfontaine.

La tristesse et la froideur qui règnent aujourd'hui dans la plupart de ces beaux jardins sont naturelles aux lieux abandonnés; et il semble vraiment que les œuvres de l'homme, lorsqu'elles survivent à leur raison d'être, gardent un mortel regret de ce qui leur communiquait l'apparence de la vie. Il y a là une incurable mélancolie que ne dissipent ni les beaux jours, ni la foule accourue aux grandes eaux comme à une exhumation; mais c'est dans la semaine surtout, lorsque la solitude complète étend sa morne tranquillité sur les grandes allées veuves, qu'il faut venir admirer ces pompes vides et cette majesté déchue.

Sous nos yeux s'étendait, gloire antique abattue,
Un de ces parcs dont l'herbe inonde le chemin,
Où dans un coin, de lierre à demi revêtue,
Sur un piédestal gris, l'Hiver, morne statue,
Se chauffe avec un feu de marbre sous sa main.

O deuil! le grand bassin dormait, lac solitaire,
Un Neptune verdâtre y moisissait dans l'eau;
Les roseaux cachaient l'onde et l'eau cachait la terre,
Et les arbres mêlaient leur vieux branchage austère,
D'où tombaient autrefois des rimes pour Boileau.

Les manteaux relevés par la longue rapière,
Hélas! ne passaient plus dans ce jardin sans voix ;
Les tritons avaient l'air de fermer la paupière ;
Et, dans l'ombre, entr'ouvrant ses mâchoires de pierre,
Un vieux antre ennuyé bâillait au fond du bois.

Peut-être dans la brume au loin pouvait-on voir
Quelque longue terrasse aux verdâtres assises,
Ou, près d'un grand bassin des nymphes indécises,
Honteuses à bon droit dans ce parc aboli,
Autrefois des regards, maintenant de l'oubli.
V. Hugo.

A mesure qu'on avance dans ce jardin antique

Où, marquant tous ses pas de l'aube jusqu'au soir,
L'heure met tour à tour dans les vases de marbre
Les rayons du soleil et les ombres de l'arbre,

on évoque peu à peu les habits éclatants, les mollets solennels, les grandes perruques et les jupes énormes qui balayaient chaque jour ces sentiers moisis, et les conversations nobles qui animaient les charmilles classiques, complices de bien des mystères et de bien des chuchotements. Peu à peu toutes ces nymphes, tous ces faunes paraissent moins dépaysés ; et nous y voyons le dix-septième siècle en déshabillé.

O dieux! O bergers ! O rocailles!
Vieux Satyres, Termes grognons,
Vieux petits ifs en rang d'oignons.
O bassins, quinconces, charmilles,

Boulingrins pleins de majesté,
Où les dimanches, tout l'été,
Bâillent tant d'honnêtes familles !
Fantômes d'empereurs romains,
Pâles nymphes inanimées
Qui tendez aux passants les mains,
Par les jets d'eau tout enrhumées !
Tourniquets d'aimables buissons,
Bosquets tondus où les fauvettes
Cherchent en pleurant leurs chansons,
Où les dieux font tant de façons
Pour vivre à sec dans leurs cuvettes !
Dites-nous, marches gracieuses,
Les rois, les princes, les prélats
Et les marquis à grand fracas,
Et les belles ambitieuses,
Dont vous avez compté les pas !

Alfred de Musset.

Vous voyez que les vieux jardins français ne sont point hostiles à la poésie ; ils élèvent la pensée et l'invitent insensiblement à cette évocation du passé qui seule rend leur valeur à ces vases, ces bassins, ces statues, ces rampes, ces terrasses multipliées auxquels se prêtent si bien la régularité des plans et la symétrie des lignes.

Le premier grand ouvrage qui porta l'empreinte de Le Nôtre fut le parc de Fouquet, à Vaux, l'un des objets qui ont le plus surexcité la jalousie de Louis XIV et causé la disgrâce du surintendant. Fontainebleau, Rueil même, n'étaient rien près de ces huit cents arpents coupés de parterres, de bosquets et d'eaux vives et dont l'acquisition (1640) et l'aménagement n'avaient pas coûté moins de dix-huit millions. L'auteur de ces merveilles fut appelé à les surpasser, et on lui livra la vaste plaine de Versailles, triste terrain à la fois marécageux et stérile. De si mauvaises conditions devaient doubler la gloire de la réussite, mais peut-être en centupler les frais. On raconte que Louis XIV se faisait détailler toutes les beautés projetées et qu'à chaque fontaine, à chaque pièce d'eau, il disait : « Le Nôtre, je vous donne vingt mille francs. — Sire, Votre Majesté n'en saura pas davantage, je la ruinerais, » répondit enfin le brave dessinateur, à la fois enchanté de ses plans et ravi de paraître ménager la caisse de son maître. L'anecdote est aussi instructive qu'agréable ; elle fait voir avec quel dédain le grand roi traitait la fortune publique ; il n'avait guère plus pitié du sang des Français que de leur argent.

Quand il fut démontré que la machine de Marly, engin dispendieux du Liégeois Rennequin, ne pouvait, malgré ses deux cent vingt et une pompes, suffire aux insatiables bassins, aux dévorants jeux d'eau du nouveau parc, on entreprit de leur donner à boire la rivière d'Eure qui coule à cinquante kilomètres de Versailles. Un canal fut creusé jusqu'à Berchères le Mangot ; restaient deux lieues environ ; aussitôt on commença les deux cent quarante-deux arcades projetées de l'aqueduc de Maintenon. Racine en vit quarante-huit en 1687 et les déclara construites pour l'éternité. On y fit travailler jusqu'à trente-six mille soldats qui périssaient par milliers ;

toutes les nuits les chariots funèbres fonctionnaient. « *Cet inconvénient*, dit madame de Lafayette, *ne paraissoit digne d'aucune attention au sein de la tranquillité dont on jouissoit.* »

Ces travaux meurtriers, interrompus par la guerre, ne furent jamais repris. Un système de rigoles, qui a cinquante lieues de développement, et les eaux des étangs environnants, suffirent, dans les grandes occasions, à remplir les innombrables tuyaux répandus sous les parterres, sorte de paquet posé sur des voûtes de plusieurs mètres de haut. Enfin pourvus d'eau, les jardins reçurent leurs derniers atours, statues, vases et colonnades.

Du pied de la longue façade qui braque sur l'horizon ses trois cent soixante-quinze fenêtres, par de là les bronzes groupés sur des tablettes de marbre autour du parterre d'eau (1688-1690), le regard, passant par-dessus le bassin de Latone, qui se cache entre deux rampes tournantes décorées de statues et d'ifs en pyramides, va se reposer sur le fameux tapis vert, longue allée herbue entre deux charmilles transversalement coupées par des avenues dont les noms sont empruntés aux saisons, distingue encore, au bout du petit parc (le seul fréquenté), le char embourbé du bassin d'Apollon, suit dans sa longueur le beau canal du grand parc, dont les bras latéraux gagnent à angle droit, ici la plaine de la Ménagerie, là le grand Trianon, et se perd enfin dans une campagne lointaine semée de villages, de hameaux, et qu'enfermait jadis une muraille de neuf lieues.

Parmi les beautés sans nombre semées dans ce merveilleux ensemble, il faut placer en première ligne l'Orangerie, l'Allée d'eau, le bassin de Neptune, les bains d'Apollon, de Latone, la Salle de bal, Encelade et la Colonnade. Nous ne parlons pas du Jardin du roi, qui date de 1816, ni du Labyrinthe, remplacé en 1775 par le Bosquet de la reine.

On descend à l'Orangerie par le parterre du Midi, déjà situé en contre-bas du Parterre d'eau, sur la gauche du palais où nous étions tout à l'heure adossés. De ce premier palier, la vue s'étend sur la vaste pièce d'eau des Suisses, et jusqu'aux bois de Satory; ces jardins, sur la gauche, occupent l'emplacement du potager du roi (cinquante arpents), cultivé par le fameux la Quintinie. L'Orangerie est bâtie au-dessous du parterre, entre deux magnifiques escaliers dits des Cent marches; c'est un des chefs-d'œuvre de Mansart et ce qu'il y a de plus beau en architecture à Versailles, sans excepter le château. Entre ses trois galeries d'un caractère mâle et simple et d'une vaste étendue, s'alignent, autour d'un bassin, jusqu'à douze cents caisses d'orangers et trois cents d'espèces variées. Les orangers sont anciens et célèbres; l'un entre autres, le Grand Bourbon, fut acquis en 1530 lors de la confiscation des biens du connétable de Bourbon. Si, comme on le croit, il fut semé en 1421, il atteint l'âge prodigieux de quatre siècles et demi. L'Orangerie a été construite en 1685.

De l'autre côté du château, en avant de l'aile du nord, descend la charmante Allée d'eau, dessinée par Claude Perrault. Deux petites pelouses en longueur la partagent et s'égayent de vingt-deux groupes d'enfants aux attitudes variées qui tous, trois à trois, baignent leurs pieds folâtres en un bassin de marbre blanc et soutiennent sur leurs têtes une vasque empanachée d'un jet d'eau.

Plus loin, dans le même axe, s'étale le bassin de Neptune, dont les jets superbes sont chargés du *bouquet* final dans le feu d'artifice des Grandes Eaux; il faut, pour le contempler dans sa grandeur imposante, aller se placer à l'extrémité septentrionale du parc ; on a d'abord en face de soi, au-dessus du bassin, soixante-trois jets d'eau, dont moitié plantés comme des arbres de neige en des vases de plomb bronzés, et qui retombent par de vastes coquilles dans la grande pièce. Au-dessous, trois groupes énormes en plomb, fouillis de dieux, de tritons, de naïades et de chevaux marins vomissent des flots d'écume avec une verve qui eût réjoui un Homère. Les eaux s'élancent, bouillonnent, se croisent, se heurtent, faisant jaillir aux rayons du couchant des millions d'étincelles évanouies bientôt en brouillard diafianne. C'est une ivresse de fraîcheur et de lumière. Mais fuyons vite, toutes ces puissances de la mer qui exhalent fièrement leur souffle gigantesque ne seront plus tout à l'heure que des formes noirâtres au-dessus d'une eau troublée, tristes de leur silence et de leur immobilité. Tel devait être Louis XIV vieilli, lorsque la grande comédie des représentations royales cessait un moment de dérider sa face, et qu'il rentrait dans le silence de la vie intime entre l'austère Maintenon et l'austère père La Chaise.

C'est en 1685, d'après Dangeau, que le roi-soleil vit pour la première fois jouer toutes les machines de Neptune ; malgré le pouvoir magique de la flatterie, il était alors assez loin du bel âge où Girardon et Regnauldin le représentaient sous les traits de Phébus servi par les nymphes. Le groupe considérable des bains d'Apollon, un des ouvrages qui honorent la sculpture française, exécuté vers 1662, fut d'abord placé dans la grotte de Thétis, où des fêtes furent données en l'honneur de la Vallière (1664). La Fontaine l'a décrit ainsi :

> Ce dieu, se reposant sous ces voûtes humides,
> Est assis au milieu d'un chœur de Néréides :
> Toutes sont des Vénus, de qui l'air gracieux
> N'entre point dans son cœur et s'arrête à ses yeux,
> Il n'aime que Thétis, et Thétis les surpasse.

Le bosquet d'Apollon, tel que nous le voyons aujourd'hui, a été remanié complètement par Hubert Robert en 1775, et il n'a rien perdu de ses grâces premières.

Nous avons indiqué l'emplacement du bassin de

Latone; c'est une composition ingénieuse et parfaitement appropriée à sa destination. L'artiste, Balthasar Marsy, a choisi le moment où Latone change en grenouilles et autres animaux aquatiques des paysans qui l'avaient outragée.

On appelle Salle de bal, ou mieux Bosquet de la cascade, une ellipse verdoyante dont le fond est décoré de gradins en rocailles où ruissellent, aux jours de fêtes, des nappes d'eau colorées par des lumières qu'il est aisé de dissimuler en certaines cavités du monticule artificiel. Le grand Dauphin aimait à dîner en ce lieu, et la cour y dansait parfois. En face de la cascade s'élève un amphithéâtre gazonné. La Salle de bal est située du côté de l'Orangerie, et le Tapis vert la sépare des bains d'Apollon.

A l'autre extrémité des massifs, et près du bassin d'Apollon, toujours du même côté du Tapis vert, Lapierre exécuta, sur les dessins d'Hardouin Mansart, un élégant péristyle en marbre de forme circulaire, soutenu par trente-deux colonnes multicolores aux chapiteaux blancs et dont les arcades supportent des plafonds décorés de bas-reliefs et une élégante corniche. Sous chaque arcade, une vasque en marbre lance un jet d'eau qui retombe dans un petit canal inférieur. Au centre de cette colonnade est un *Enlèvement de Proserpine*, assez décoratif, par Girardon. L'ensemble est gracieux, riche, et dépasse de beaucoup la naumachie si vantée de Monceaux. Les Romains auraient volontiers dîné là sous un vélarium de pourpre.

A peu près en face, au nord, un Encelade gigantesque, dont on n'aperçoit que la tête et les bras, lance du milieu des rochers qui l'écrasent un dernier défi au ciel. De sa bouche s'élève un jet d'eau de vingt-trois mètres.

Le grand canal qui marque le milieu du parc sylvestre et le divise encore de ses deux bras transversaux, présente des dimensions remarquables, plus de 60 mètres de large sur environ 1600 de long. « Sous Louis XIV, cette majestueuse pièce d'eau était couverte de bâtiments de toutes formes, et principalement de gondoles vénitiennes conduites par de nombreuses troupes de rameurs et de matelots pour lesquels on avait construit un village dans les environs. Le roi, le grand Dauphin, les princesses y allaient souvent prendre le plaisir de la promenade et de la collation. Les fêtes finissaient toujours par quelque feu d'artifice sur le canal. En 1770, pour le mariage du prince qui fut Louis XVI, on y avait établi un soleil de feu qui éclairait tout l'horizon (on eût dit un emblème de la révolution prochaine); et deux cents chaloupes couvertes de verres de couleurs fendaient les eaux enflammées. »

La direction heureuse des jardins de Versailles avait valu à Le Nôtre la surintendance de tous les parcs royaux; il ne s'en montrait pas plus fier, et l'on rapporte qu'il ne voulut sur son écusson que trois colimaçons, deux et un, couronnés d'une feuille de chou et accompagnés d'une bêche.

Il mourut en 1700, « après avoir, » dit Saint-Simon, « vécu quatre-vingt-huit ans, dans une santé parfaite, avec sa tête et toute la justesse et le bon goût de sa capacité, illustre pour avoir le premier donné les divers dessins de ces beaux jardins qui décorent la France, et qui ont tellement effacé la réputation de ceux d'Italie (qui, en effet, ne sont rien en comparaison) que les plus fameux maitres en ce genre viennent d'Italie apprendre et admirer ici. Le Nôtre avait une probité, une exactitude, et une droiture qui le faisaient estimer et aimer de tout le monde. Jamais il ne sortit de son état ni ne se méconnut, et fut toujours parfaitement désintéressé. Il travaillait pour les particuliers comme pour le roi, et avec la même application ; ne cherchait qu'à aider la nature et à réduire le vrai beau au moins de frais qu'il pouvait ; il avait une naïveté et une vérité charmantes.

« Le pape pria le roi de le lui prêter pour quelques mois. En entrant dans la chambre du pape, au lieu de se mettre à genoux, il courut à lui. « Eh ! bonjour, lui dit-il, mon révérend père, en lui sautant au cou, et l'embrassant et le baisant des deux côtés. Eh ! que vous avez bon visage, et que je suis aise de vous voir, et en si bonne santé ! » Le pape, qui était Clément X, Altieri, se mit à rire de tout son cœur. Il fut ravi de cette bizarre entrée, et lui fit mille amitiés.

« A son retour, le roi le mena dans ses jardins de Versailles, où il lui montra, ce qu'il y avait fait depuis son absence. A la Colonnade, il ne disait mot. Le roi le pressa de lui dire son avis : « Eh! bien Sire, que voulez-vous que je vous dise? D'un maçon vous avez fait un jardinier (c'était Mansart), il vous a donné un plat de son métier. » Le roi se tut et chacun sourit; et il était vrai que ce morceau d'architecture, qui n'était rien moins qu'une fontaine et qui le voulait être, était fort déplacé dans un jardin[1]. Un mois avant sa mort, le roi, qui aimait à le voir et à le faire causer, le mena dans ses jardins, et, à cause de son grand âge, le fit mettre dans une chaise que des porteurs roulaient à côté de la sienne, et Le Nôtre disait là : « Ah! mon pauvre père, si tu vivais et que tu pusses voir un jardinier comme moi, ton fils, se promener en chaise à côté du plus grand roi du monde, rien ne manquerait à ma joie. »

Parmi les nombreux jardins qu'il eut à dessiner pour le roi, les princes ou des particuliers, ton cite le grand Trianon et Marly, dont nous allons parler, Clagny, donné par Louis XIV à la Montespan, Saint-Cloud, Meudon, les Tuileries (1665); souvent

---

[1] Il y a bien de la sévérité dans l'opinion de Saint-Simon, et peut-être quelque jalousie dans la réponse de Le Nôtre.

modifiées, surtout dans leur partie antérieure, et récemment défigurées par la maladroite adjonction d'un parterre pseudo-anglais, Chantilly, Sceaux, la terrasse de Saint-Germain, le parc de Turin. Appelé en Angleterre, il y donna le plan de Greenwich et de Saint-James ; on lui attribue la villa Panfili, à Rome.

Vers 1687, Louis XIV, las des grands appartements mal distribués de Versailles, se fit construire par Mansart un agréable rez-de-chaussée sur l'emplacement d'un ancien pavillon de chasse nommé Trianon, à l'extrémité septentrionale du grand parc. Le Nôtre y joignit un assez beau jardin ; mais le plus bel ornement de Trianon est la terrasse élevée dans l'axe d'un bras transversal du grand canal, et d'où le roi aimait à suivre les divertissements aquatiques de ses enfants. Vers 1700, il se dégoûta du grand Trianon et se prit de passion pour Marly, que Mansart ornait de concert avec Le Nôtre.

C'est là que tout est grand, que l'art n'est point timide ;
Là, tout est enchanté, c'est le palais d'Armide ;
C'est le jardin d'Alcide, ou plutôt d'un héros
Noble dans sa retraite, et grand dans son repos....
Voyez-vous et les eaux, et la terre et les bois,
Subjugués à leur tour, obéir à ses lois ;
A ces douze palais d'élégante structure
Ces arbres marier leur verte architecture,
Ces bronzes respirer, ces fleuves suspendus,
A gros bouillons d'écume à grands flots descendus,
Tomber, se prolonger dans des canaux superbes,
Là s'épancher en nappe, ici monter en gerbes....

Tout bosquet est un temple et tout marbre est un dieu ;
Et Louis, respirant du fracas des conquêtes,
Semble avoir invité tout l'Olympe à ses fêtes.

DELILLE

Louis XIV eût aimé ces rimes emphatiques, lui qui souffrait l'énorme adulation, bien déplacée après Ryswick et au moment de la succession d'Espagne, que Mansart n'avait pas craint de traduire en pierre de taille dans la grande avenue de Marly. Douze pavillons, consacrés aux douze heures du jour, y précédaient le château du roi-soleil ; ainsi Virgile mêlait Auguste vivant aux signes du zodiaque. Rien de plus beau d'ailleurs que la disposition du jardin, de la grande cascade, qui, ruisselant à larges nappes sur soixante-trois marches de marbre, alimentait aisément plusieurs grands bassins revêtus de carreaux en porcelaine et entourés de balustrades dorées, prison des carpes royales. Les parterres s'en allaient d'étage en étage, séparés par diverses allées, jusqu'à la pièce de la Grande-Berge, que sa bordure faisait ressembler à un miroir de Venise. Marly ne manquait, comme on le pense, ni de statues, ni d'ifs taillés, ni de tapis verts.

Saint-Simon se plaint que toutes les allées, se côtoyant à des niveaux différents, et cachées les unes aux autres par des haies touffues, eussent trop d'oreilles. Il allait à la dernière pièce d'eau du dernier parterre, représentant une conque, et dans laquelle se miraient les chevaux de Coustou.

Le plus riche ouvrage de Le Nôtre, après Versailles et Marly, paraît avoir été Chantilly,

De héros en héros, d'âge en âge embelli.

Il y règne seulement un peu de confusion, qu'il faut attribuer aux perpétuelles retouches ou additions qui le modifièrent dans le courant du dix-huitième siècle; peut-être aussi à la difficulté de trouver un centre de perspective dans un domaine qui comprend trois châteaux ou habitations séparées. La confusion entraîne du moins la variété et l'imprévu; ce sont les qualités de Chantilly.

On vantait l'Orangerie, la galerie des Vases, celle des Trente-Arcades, le Vertugadin, amphithéâtre vert qui semble un riche manteau attaché aux formes gracieuses du coteau de Vineuil, le Parterre d'eau, dont le canal forme une grande allée transparente, bordée de dix jolis bassins, l'île des Jeux, pourvue de manèges et de balançoires, la fameuse pelouse dont le gazon dru et court est si favorable encore aux courses de chevaux, un beau potager à trois étages, et partout ces cascades qui, du temps de Bossuet, ne se taisaient ni jour ni nuit; on ne les a guère entendues depuis 1791.

Les eaux de Chantilly, pour l'abondance, étaient sans rivales. Le canal, alimenté par la Nonette, a trois mille mètres de long sur quatre-vingts de large. Au-dessous du large bassin circulaire où la Nonette vient tomber parmi les grands arbres, une chute d'eau en hémicycle, à cinq nappes, forme la tête du canal.

Les Grandes-Cascades doivent être placées au rang des merveilles de l'hydraulique ; peut-être surpassaient-elles les magnificences du bassin de Neptune à Versailles. Au centre d'un bassin circulaire, une gerbe entourée de huit jets jaillit de la cime d'un rocher, et retombe en pyramide au milieu de quinze autres jets. A l'entour, jouent des fontaines et des guéridons rangés sur quatre gradins de verdure. Au-dessus, dans un autre bassin, des candélabres, buffets d'eau, mascarons, stalactites, dragons, luttent de verve et d'écume. Un troisième bassin, pourvu de cinq jets symétriques, termine cette partie de la cascade.

D'une salle de verdure où aboutissent six grandes allées, descendent deux escaliers en fer à cheval, se développant avec grâce, décorés de guéridons empanachés d'eau, qui déversent leurs nappes dans trois bassins. Il y a quatre paliers, cinq nappes encore, tombant dans autant de bassins garnis de soleils et de jets, des chandeliers dont le soleil allume les fusées liquides, et toujours des colonnes d'eau, de l'écume et du bruit.

Enfin une forêt de sept mille arpents, coupée d'avenues immenses réunies au rond-point de la Table, s'étendait à perte de vue autour de Chantilly, et assurait à ce domaine des chasses magnifiques.

Le fils du grand Condé, l'un des hommes les plus hargneux, les plus patelins, les plus bizarres qu'aient produits les nobles races, qui se croyait chien par instants, aboyait, se fourrait sous les meubles, comme eût pu le faire un brahmane dégradé par la métempsycose, puis redevenait le plus noble, le plus charmant, le plus affable des mortels, fut le vrai créateur des merveilles de Chantilly; c'est lui qui fit achever le grand château, flanqué de hautes tours, formé par Mansart en pentagone régulier; qui, dans le petit château, legs des Montmorency, d'un aspect moins noble, mais d'un aménagement intérieur beaucoup plus riche et plus élégant, accumula les salons chinois, les chambres dorées, les galeries de tableaux en l'honneur de son père. Ses trois millions de rentes suffisaient à peine à ces embellissements ruineux et aux réceptions splendides que les rois honoraient de leur présence; c'étaient des collations, des festins, des feux d'artifices de seize mille livres (plus de cinquante mille francs), des folies véritables.

M. le duc, petit-fils du précédent, voulut recevoir à Chantilly la duchesse de Berry, fille du Régent. Le voyage dura dix jours, et chaque jour eut sa fête. « La profusion, le bon goût, la galanterie, la magnificence, les inventions, l'art, l'agrément des diverses surprises, s'y disputèrent à l'envi.

Il pensa, dit Saint-Simon, y arriver une aventure tragique au milieu de tant de somptueux plaisirs. M. le Duc avait, de l'autre côté du canal, une très-belle ménagerie, remplie des oiseaux et des bêtes les plus rares. Un grand et fort beau tigre s'échappa et courut les jardins de ce même côté de la ménagerie, tandis que les musiciens et les comédiens, hommes et femmes, s'y promenaient. On peut juger de leur effroi et de l'inquiétude de toute cette cour rassemblée. Le maître du tigre accourut, le rapprocha et le ramena adroitement dans sa loge sans qu'il eût fait aucun mal à personne que la plus grande peur. »

De si éblouissants souvenirs pâlissent un peu la renommée de Saint-Cloud, malgré son joli château d'eau et la belle venue de son grand jet qui s'élève à quarante-deux mètres, avec une force capable de chasser un poids de soixante-cinq kilogrammes.

Le parc de Saint-Cloud est très grand (onze cent quarante-six arpents) et très beau, mais il n'a d'autre lien avec le château que le grand escalier de gazon qui monte à la lanterne; quoique bien inventé, c'est insuffisant. On pense que l'architecte Lepautre, en établissant la cascade en face de la Seine, espérait en faire comme le piédestal d'un château élevé dans son axe.

La résidence des Gondi, des Orléans, de Louis XVI et de Napoléon est demeurée la maison mal placée et mal distribuée du contrôleur Hervart. Sans doute elle a été sans cesse, depuis 1658 et 1693, reconstruite et modifiée; mais aucun embellissement n'a pu racheter les défauts qu'entraine sa situation. Rejetée sur le côté du parc et en contrebas des coteaux de Ville-d'Avray, elle est à peu près masquée par les arbres magnifiques de la grande allée.

Considéré isolément, et en dehors du château, le parc de Saint-Cloud est une admirable promenade, soit qu'on parcoure l'avenue qui longe la Seine et dont les ormes séculaires abritent en automne les grandes baraques multicolores des saltimbanques et des marchands forains accourus pour les fêtes de septembre; soit qu'on gravisse les chemins obliques et les sentiers tortueux qui mènent à la lanterne de Démosthènes; ou que, de la haute pelouse hantée par les commerçants endimanchés et les jeunes joueurs de ballon, on regarde les méandres de la Seine, les masses vertes du bois de Boulogne et la carrure massive de l'Arc de Triomphe; ou bien qu'on s'engage dans les vastes allées qui se prolongent jusqu'à Ville-d'Avray et Sèvres : partout on trouvera de grandes ou riantes perspectives, des retraites cachées et une puissante végétation.

Le parc réservé, qui occupe toute la droite du domaine, renferme de belles avenues ombragées où l'on entrevoit des cerfs et des chevreuils tranquilles. Il domine les bois de Marne et de Ville d'Avray. Le chemin de fer de Versailles le traverse dans sa largeur. Charles X l'accrut, au nord, d'un jardin du *Trocadéro*, qui occupe les hauteurs de Montretout.

M. Vatout, qui a fait l'histoire de Saint-Cloud, a constaté les changements considérables que le parc a subis ; ainsi, dit-il, on chercherait vainement la grotte de verdure qui servait de couronnement à la grande cascade, une foule de statues, d'ailleurs médiocres, qui ornaient les bassins ; les *Goulottes*, au murmure desquelles Charlotte de Bavière allait souvent rêver et quelquefois médire ; le *Trianon*, remplacé par le pavillon de Breteuil, mais déshérité de ses jardins brodés, de ses tourelles et du grand bassin de Vénus ; l'allée des *Portiques*, le pavillon de la *Félicité*, élevé par Marie-Antoinette ; le *Mail*, le *Fort*, et mille autres détails minutieusement célébrés par les poètes et les auteurs contemporains.

Le parc a du moins gardé son jet d'eau et les gradins élégants de sa grande cascade, ouvrage de Lepautre, et d'où l'eau retombe dans un grand bassin dessiné par Mansart ; il s'est enrichi en 1800 d'une copie exacte du monument de Lysicrate, dit *lanterne de Démosthènes*, que l'architecte Fontaine éleva sur une tour carrée, au-dessus de l'amphithéâtre de verdure.

Meudon a de l'agrément, et sa terrasse est bien

La villa Panfili, près Rome, par Le Nôtre.

composée; mais après les richesses énumérées dans ce chapitre, il ne saurait y occuper une grande place. Son parc, dessiné moitié à la française et moitié à l'anglaise, est un morceau de bois détaché des massifs charmants qui entourent les villages de Meudon et de Bellevue.

Sceaux avait peut-être plus d'importance. Le peu qui en reste donne l'idée d'un jardin bien composé; Le Nôtre l'avait dessiné pour Colbert vers le même temps que Versailles pour Louis XIV (1670). Ni les belles statues du Puget et de Girardon, ni les eaux amenées du Plessis-Piquet et d'Aulnay, ni l'étendue (600 arpents), ne manquaient à cette résidence, deux fois honorée de la visite du roi. En 1700, le duc du Maine en devint propriétaire et l'embellit encore. Le domaine de Sceaux fut morcelé et vendu en 1798.

La villa Panfili date d'Innocent X (1650), et certaines de ses dispositions la rapprochent plus de la renaissance italienne que du goût français. Le Nôtre n'a pu que l'achever. C'est assurément la plus belle villa de Rome.

Située à un kilomètre au delà de la porte San Pancrazio, sur une éminence, elle fut en 1849 le quartier général de Garibaldi, puis des Français. Le prince Doria y a élevé un monument à nos soldats morts durant le siège. On a singulièrement exagéré les dégâts commis à cette époque dans la villa. Ses beaux pins séculaires n'ont que peu souffert du canon et de la fusillade. On y voit une heureuse alliance des lignes savantes avec les grâces naturelles des pelouses. De la terrasse extrême, la vue s'étend sur la solennelle campagne de Rome; d'admirables chênes verts, de grands pins parasols ornent encore ce jardin; il n'y manque rien de ce qui constitue la villa italienne, palais, casino, parterre, vases et statues, jeux d'eau, orgue hydraulique; mais sa principale beauté est dans ses ombrages et ses gazons. L'abandon y joint encore un charme mélancolique. Le silence y est aussi grand qu'à Versailles et cependant exempt de cette tristesse que semblent partout avoir laissée derrière elles les pompes désastreuses du grand siècle.

Le grand canal (Fontainebleau).

CHAPITRE SIXIÈME

LES JARDINS CLASSIQUES

Jardins de Lahore.

I

Villa Albani. — Caserte.— *Villa Reale.* — Schœnbrunn et Napoléon. — Plaisanterie de Pope. — *Moor-Park*.

Durant la plus grande partie du règne de Louis XV, les successeurs de Le Nôtre continuèrent la tradition du jardin classique; et de nouvelles descriptions d'un type identique seraient à bon droit accusées de monotonie. De la France, le style de Le Nôtre s'était aisément répandu en Italie, où il ne paraissait d'ailleurs qu'une suite naturelle du goût de la Renaissance, commun aux deux pays. La villa que le cardinal Albani se fit construire auprès de Rome, sur ses propres plans, est le parfait modèle de cette symétrie qui prétendait raffiner même sur la régularité du dix-septième siècle. Sans en nier la beauté, M. Taine en a bien saisi le caractère.

« Aucune liberté n'y est laissée à la nature, tout y est factice. L'eau ne s'élève qu'en jets et en panaches, elle n'a pour lit que des vasques et des urnes. Les pelouses y sont enfermées dans d'énormes haies de buis plus hautes qu'un homme, épaisses comme des murailles, et formant des triangles géométriques dont toutes les pointes aboutissent à un centre. Sur le devant, s'étend une palissade serrée et alignée de petits cyprès. On monte d'un jardin à l'autre par de larges escaliers de pierre semblables à ceux de Versailles. Les plates-formes de fleurs sont enfermées dans de petits cadres de buis, elles forment des dessins et ressemblent à des tapis bordés, régulièrement bariolés de couleurs nuancées.

« De superbes chênes-lièges élèvent sur une terrasse leurs pilastres monstrueux et le dôme toujours vert de leur feuillage monumental. Des allées de platanes s'allongent et s'enfoncent comme un portique; de hauts cyprès silencieux collent leurs branches noueuses contre leur écorce grise et montent d'un air grave, monotone, en pyramides. Des aloès dressent contre la paroi blanche des murailles

Villa Albani. Entrée de la salle de billard.

leur tige étrange, pareille à un serpent convulsif hérissé par la lèpre.

« Les yeux se promènent sur la suite d'arcades rondes qui forment ce portique tournant, sur la balustrade et les statues qui diversifient la crête du toit, sur les colonnes jetées çà et là, sur les rondeurs des viviers et des haies. »

Il n'y a là aucun compromis avec la nature, aucune concession au goût nouveau qui commençait à passer d'Angleterre sur le continent. Ailleurs, on trouve les deux styles déjà juxtaposés et non sans charme, comme dans la résidence royale de Caserte, bâtie et dessinée par Vanvitelli (1752-1759).

Le jardin, d'une étendue immense, est divisé en deux parts. La première, tristement majestueuse, imparfaite imitation du genre de Le Nôtre et du parc de Versailles, est terminée par un vaste canal, des fontaines et une abondante cascade tombant du haut d'une colline; le canal est si long qu'on a dû établir par deux ponts une communication entre les deux rives. Au delà, commence le jardin paysager célèbre par la grandeur de ses chênes-lièges. Les accidents du terrain, la diversité des plans, l'éclat de la verdure et la magnificence de la végétation, soit indigène, soit exotique, en font une délicieuse promenade.

La *Villa Reale*, à Naples, présente le même caractère avec moins de solennité. Entre cinq avenues d'acacias, d'yeuses, de saules pleureurs, des rosiers de Bengale, des myrtes et des orangers forment des massifs et des corbeilles que décorent des vases et des statues. Le motif central et auquel tout se rattache est un bassin de granit porté par des sphinx; une nappe d'eau s'en échappe en cascade. Un tiers environ du parc est planté à l'anglaise.

La plupart des beaux jardins en Allemagne, et ils y abondent, bien que plantés à l'origine dans le goût français, appartiennnent plutôt au genre paysager. Nous aurons occasion de les parcourir et d'admirer la parfaite mesure avec laquelle ils ont fondu Kent et Le Nôtre. Ici nous ne mentionnerons que Schœnbrunn, imitation directe de Versailles ou de Marly (1700), et qui conserve toujours sa physionomie classique. Pour rappeler à Marie-Louise une treille de Schœnbrunn qu'elle aimait, Napoléon fit rapidement élever dans le parc de Compiègne par l'habile dessinateur Bertault un berceau long de dix-huit cents mètres, route fleurie et close que l'on peut parcourir en voiture.

La Hollande restait fidèle à cet art mièvre et propret que la Renaissance et Le Nôtre avaient agrandi jusqu'à l'emphase. Instruite à son école, l'Angleterre ne faisait que suivre de loin l'Italie et la France. C'est Addison qui l'avoue lui-même : « Les jardins d'Angleterre, dit-il, ne sont pas si propices à l'imagination que ceux de France et d'Italie, véritables mélanges de jardins et de forêts d'une sauvagerie bien plus charmante que la correction et l'élégance des jardins anglais... Nos jardiniers, au lieu de faire produire à la nature son effet, semblent prendre à tâche de l'annihiler.

Walpole a pu voir encore à Piddleton, dans la résidence de lady Orfort, une double enceinte de treize jardins d'assez médiocre étendue, communiquant par une enfilade de portes correspondantes. Vous passiez, pour y arriver, par un couloir étroit entre deux terrasses de pierre, élevées au-dessus de votre tête et couronnées par une rangée d'ifs. Un boulingrin était le seul terrain uni qu'on admît alors; une pièce d'eau circulaire, le comble de la magnificence.

Ces extravagances mesquines, venues de Hollande vers 1450, faisaient encore les délices de Henri VIII, et son parc *Non Such* (sans pareil) était un vrai échiquier de charmilles, treilles ouvragées et sculptures de feuillage. Le manoir des Percy (*Wreschill Castle*) était décoré dans le même goût.

London et Wise, dit Walpole, ont meublé nos anciens jardins (1600-1700) de géants, d'animaux, de monstres, d'armures, et de devises en if, en buis, en houx. Pope s'est agréablement moqué de ce genre suranné. « Dans ces jardins, on voit l'arche de Noé en houx, dont les côtés sont en assez mauvais état, faute d'eau ; un saint Georges en buis, dont le bras n'est pas tout à fait assez long, mais qui pourra tuer le dragon au mois d'avril prochain; une reine Élisabeth en tilleul, tirant un peu sur les pâles couleurs, mais, à cela près, croissant à merveille ; une vieille fille d'honneur en bois vermoulu ; plusieurs grands poètes modernes un peu gâtés, un cochon de haie vive, devenu porc-épic, pour avoir été laissé à la pluie durant une semaine; un verrat de lavande, avec de la sauge qui pousse dans son ventre ; deux vierges en sapin prodigieusement avancées, etc., etc. »

Charles II, qui avait été élevé en France, invita Le Nôtre à tracer le plan de Greenwich et à dessiner la grande pièce d'eau de Saint-James. Aussitôt tous les parcs anglais prirent l'allure classique, qu'ils devaient garder au moins jusqu'à 1730. On a trop oublié que Le Nôtre fut l'initiateur véritable de nos voisins dans l'art des jardins, qu'il en élargit pour eux le cadre, les perspectives, et délivra les feuillages des formes animales. La nature même a fait le reste et rompu par endroits les lignes encore trop rigides ; puis l'art a dépassé la nature et tordu ce qu'elle avait simplement ondulé. Mais nous n'en sommes point encore aux jardins anglais. Blenheim, ce don national offert à Marlborough, et Chatsworth, dans le Derbyshire, si pittoresquement arrosé par le torrent du Derwent, furent d'abord des parcs français et classiques.

Moor-Park, antérieur à Chatsworth, nous est décrit par W. Temple.

Devant la maison, située sur un côteau peu escarpé, s'étendait une assez large terrasse sablée, longue d'environ trois cents pas, et bordée de lauriers en pleine terre très espacés. Du milieu et de chaque bout de cette esplanade, trois escaliers de pierre descendaient dans un vaste parterre dont les compartiments, circonscrits entre des allées de sable, étaient décorés de fontaines et de statues. A chaque bout de la terrasse, il y avait un pavillon. Le long des parterres deux grands portiques s'ouvraient sur le jardin; leurs arcades, leurs galeries pavées aboutissant à des pavillons de repos, rappellent tout le passé classique, le jardin de Leucippe et Clitophon, le Laurentin de Pline le Jeune.

Les portiques sont couronnés de terrasses couvertes en plomb et garnies de balustrades. La façade de celui qui regarde le midi est tapissée par de la vigne; il serait très bon pour une orangerie; l'autre servirait bien de serre pour des myrtes ou d'autres arbustes communs; et l'écrivain ne doute pas qu'ils n'eussent été employés, si cet ornement avait été d'usage alors comme il l'est devenu depuis.

Du milieu de ce parterre, un escalier de plusieurs marches descend par deux côtés à une grotte à toit plat et de plomb, qui est entre les deux rampes. On se trouve alors dans un jardin plus bas, rempli d'arbres à fruit qui bordent différents compartiments d'une clairière bien ombragée.

Là, toutes les allées sont d'arbres verts, la grotte est ornée de figures en rocaille, de fontaines et de jets d'eau. De l'autre côté de la maison est un autre enclos d'arbres verts, vraiment agreste, décoré de nouvelles fontaines et d'ouvrages rustiques en rocaille.

II

Alamédas espagnoles; Cadix, Séville, Grenade. — L'Escurial, Aranjuez, Saint-Ildefonse, *Buen Retiro*. — *Passeios* de Lisbonne; jardins de la Penha et de Santa-Cruz. — Plantation à Cuba.

Une rapide excursion dans les jardins arabes nous a déjà menés en Espagne. Telles nous y avons vu les charmantes et simples compositions moresques, telles nous y retrouverons les promenades publiques, moins l'ingéniosité des jets d'eau, le pavage en briques et les mosaïques de marbre précieux. L'origine ou la physionomie des *Alamédas* est tout arabe. De l'eau, des fleurs, des arbres, quelques bancs, voilà tout ce que comporte le goût oriental et ce que nous admirons à Tolède, dans les *Huertas del rey*, sur les deux rives du Tage; à Vittoria, à Gibraltar, dont l'Alaméda est pour les Anglais « un paradis. » Barcelone a son labyrinthe et le tour intérieur de ses remparts; Bilbao, sa charmante fontaine de la Renaissance (1560); Elche, sa forêt de palmiers; Valence se promène aux bords du Guadalaviar, entre des files d'ormes, de cyprès, de platanes, des massifs de lauriers-roses, de citronniers, d'orangers, de grenadiers, auxquels se mêlent divers arbres, transplantés de l'Amérique méridionale et beaux comme sur leur terre natale. A Cadix, « pour arriver à la place des Taureaux, on traverse des jardins remplis de palmiers gigantesques et d'espèces variées. Rien n'est plus noble, plus royal qu'un palmier. Ce grand soleil de feuilles au bout de cette colonne cannelée rayonne si splendidement dans le lapis-lazuli d'un ciel oriental! » (Th. Gautier.)

Mais Séville et Grenade l'emportent sur toutes leurs rivales, et Grenade sur Séville, bien qu'à celle-ci appartiennent les jardins de l'Alcazar, véritable forêt d'orangers entremêlée de parterres, la Christina, beau salon de marbre et de feuillage sur les bords du Guadalquivir, et encore cette jolie Alaméda plantée sous Philippe II, par l'intendant D. Fr. Zapata, comte de Barahasy, etc. Mais, comme dit si bien le poète :

> Soit lointaine, soit voisine,
> Espagnole ou Sarrasine,
> Il n'est pas une cité
> Qui dispute sans folie
> A Grenade la jolie
> La pomme de la beauté.
> Et qui, gracieuse, étale
> Plus de pompe orientale
> Sous un ciel plus enchanté.

« L'Arabie est son aïeule », et le monde n'a rien à opposer au laurier-rose du Généralife. La riante Alaméda de Grenade peut servir de type et de modèle. « Figurez-vous une longue avenue de plusieurs rangs d'arbres d'une verdure unique en Espagne, terminée à chaque bout par une fontaine monumentale dont les vasques portent sur les épaules de dieux aquatiques d'une difformité curieuse et d'une barbarie réjouissante. Ces fontaines, contre l'ordinaire de ces sortes de constructions, versent l'eau à larges nappes qui s'évaporent en pluie fine et en brouillard humide, et répandent une fraîcheur délicieuse. Dans les allées latérales, courent, encaissés par des lits de cailloux de couleur, des ruisseaux d'une transparence cristalline. Un grand parterre orné de petits jets d'eau, rempli d'arbustes et de fleurs, myrtes, rosiers, jasmins, toute la corbeille de la flore grenadine, occupe l'espace entre le Salon et le Génil et s'étend jusqu'au pont élevé par le général Sébastiani, du temps de l'invasion des Français. Le Génil arrive de la Sierra-Nevada dans son lit de marbre, à travers des bois de lauriers d'une beauté incomparable. Le verre, le cristal sont des comparaisons trop opaques, trop épaisses, pour donner une idée de la pureté de cette eau qui était encore la veille étendue en nappes d'argent sur les épaules blanches de la Sierra Nevada. C'est un torrent de diamants en fusion. » (TH. GAUTIER.)

Les domaines royaux de l'Espagne, quelques disparates qu'y aient introduites des embellissements récents, sont tous réguliers et classiques ; les leçons de la Renaissance s'y trouvaient d'accord avec les traditions moresques ; et la royauté de Le Nôtre y fut moins contestée que celle de Philippe V.

L'Escurial était la demeure de Philippe II, et on l'y sent encore. « Ce sont de grandes terrasses et des parterres de buis taillé, qui représentent des dessins pareils à des ramages de vieux damas, avec quelques fontaines et quelques pièces d'eau verdâtre ; plus d'architecture que de végétation ; un jardin solennel, ennuyeux, empesé, digne du monument morose qu'il accompagne. »

En revanche, on ne saurait imaginer rien de plus agréable que la campagne d'Aranjuez. C'est une oasis au milieu des steppes de la Nouvelle-Castille ; de riants horizons se découvrent de toutes parts aux alentours du Tage et du Xamara, ombragés d'aulnes, de peupliers, de saules, bordés de prairies où paissent des chevaux andalous, napolitains et normands, des vaches de toute robe et de tout pays ; les mûriers blancs couvrent les pentes des collines ; les montagnes sont couronnées de chênes-kermès ; les haies et les bosquets sont pleins de nids et de chansons.

Le domaine rassemble des échantillons de toutes les cultures : la *Huerta Valenciana* est à la moresque : le *Champ Flamand* est un verger régulier ; sur les pentes de Reajal s'étend le Jardin des fleurs ; aux Délices, on voit des parcs d'acclimatation, et dans le *Real Cortijo* des bosquets d'oliviers et de vignes entremêlés qui rappellent l'*Axarafe* de Séville.

Les jardins proprement dits portent le cachet des différents règnes, depuis Charles-Quint jusqu'à Isabelle II. On remarque surtout, vers l'est, le petit Jardin des statues, au milieu duquel s'élève un Philippe V entouré d'empereurs romains; puis le Parterre, divisé en carrés de fleurs et d'arbustes, décoré de quatre bassins qui accompagnent la fontaine d'Hercule. C'est au nord de ce parterre que le Tage, de toute sa largeur, se précipite en cascade et s'échappe en deux bras autour d'une île charmante distribuée en jardins et en bosquets, toute parsemée de statues, de bassins et de fontaines. « Tous ces ornements, dit M. Quadrado, portent l'empreinte de la sévérité et du bon goût des premières années du dix-septième siècle, et le jardin entier, malgré les réformes qu'il a subies, a conservé l'empreinte de ses premiers maîtres. Il est sombre comme les pensées de Philippe II, mystérieux et galant comme les pensées de Philippe IV. »

A l'orient du palais, entre une longue avenue d'ormes noirs et le cours du Tage, sur l'espace d'une lieue, se succèdent des sites délicieux, le

Sotillo, la *Primavera*, et le jardin *del Principe*, création plus moderne du règne de Charles IV.

« Moins loin du palais, on conduit le visiteur à la *casa del Labrador* (la maison du laboureur), petite construction de modeste apparence égayée par des statues placées dans des niches à la hauteur des balcons de l'étage supérieur, et dont l'intérieur recèle toutes les surprises de l'opulence royale : un escalier en beaux marbres rehaussés de bronzes dorés, le pavage en mosaïque et en jaspe ; une succession de salons plus riches les uns que les autres, dont les plafonds sont couverts de fresques et les murs garnis de tentures en soie et de paysages brodés ; une galerie italienne peuplée de bustes et de riches curiosités. » (G. DE LA VIGNE.)

Enfin une montagne suisse, un labyrinthe, un pavillon chinois, un temple grec et autres brimborions de jardins anglais, affectionnés par Isabelle II, sont disséminés en avant d'une autre futaie, épaisse et touffue, qui s'enfonce au loin vers le nord et l'occident. Le domaine royal occupe autour d'Aranjuez un territoire dont la circonférence est de cent dix kilomètres. Chaque roi, depuis Charles V, s'est complu à l'agrandir, à l'embellir des constructions et des cultures les plus variées. On y voit des bois d'oliviers, des forêts de mûriers, des vignobles des crus les plus fameux et des prairies entretenues par les dérivations du Tage.

Le parc immense de la *Granja* ou Saint-Ildefonse

a des jeux d'eau dignes de Chantilly et de Versailles, dont il imite aussi les ifs et les myrtes taillés, et la décoration monumentale.

Au fond d'un beau parterre, en face du palais, Amphitrite, entourée de cygnes, de dauphins, de zéphyrs, arrête en un grand bassin la cascade *Nueva*, qui, par dix gradins de marbres polychromes, s'élance d'un bassin supérieur où nagent les trois Grâces soutenues par des Tritons. La cascade est dominée par un temple octogone un peu massif.

Une vaste *mer*, alimentée par les ruisseaux de la montagne, verse, des hauteurs du parc, ses ondes intarissables à vingt-six fontaines, bassins, chutes et groupes répandus dans les parterres et sous les bosquets. On cite une série de cascatelles, nommée la *Carrera de Caballos:* Apollon tuant Python qui vomit de véritables torrents; le dragon d'Andromède, dont le jet a trente mètres; l'amphithéâtre de Vertumne et Pomone; le *Canastillo*, d'où quarante fusées jaillissent parmi les fruits et les fleurs; la Renommée, gerbe de trente-cinq mètres; enfin les Bains de Diane, évidente contrefaçon, mais très réussie, des fameux Bains d'Apollon. C'est une scène immense où des nymphes et des animaux luttent à qui fera le plus d'écume et de bruit; l'extraordinaire abondance des eaux prolonge indéfiniment leurs ébats. Cette seule pièce coûta trois millions.

« Le mélancolique Philippe V s'arrêta quelques instants, avec un sentiment de plaisir, devant cette magnifique pièce, la première fois qu'on la fit jouer devant lui, puis reprenant son allure morose : « Tu m'as distrait trois minutes, dit-il, mais tu « m'as coûté trois millions.

Le *Pardo*, à trois lieues de Madrid, vaste enclos giboyeux de vingt lieues de tour, renferme aussi des jardins et des pièces d'eau.

Le *Buen Retiro* de Madrid, dont les curiosités ont excité la verve bouffonne de Théophile Gautier, est d'une étendue assez restreinte (1400 mètres). Ravagé en 1808, il a été rétabli par Ferdinand VII à peu près tel qu'il existait sous Philippe IV. Une large avenue de tilleuls, doublée de haies et de statues colossales des rois d'Espagne, conduit à un vaste étang, derrière lequel s'étendent les enclos réservés. Théophile Gautier a vu dans le *Buen Retiro* la réalisation du rêve d'un épicier cossu, « des fleurs communes et voyantes, de petits bassins dans le goût des devantures de marchands de comestibles, cygnes de bois peints en blanc et vernis, et autres merveilles d'un goût médiocre ; » chalets à prétentions indoues ou turques, étables garnies de chèvres empaillées et de truies en pierre grise. Dans une de ces fabriques, d'affreux automates, mus par des rouages mal graissés, « battent le beurre, filent au rouet, bercent de leurs pieds de bois des enfants de bois couchés dans leurs berceaux sculptés ; dans la pièce voisine, le grand-père malade est couché dans son lit, sa potion sur la table ; on a poussé le scrupule jusqu'à placer sous la couchette une urne indescriptible, mais fort bien imitée.... Une belle statue équestre en bronze de Philippe V relève un peu toutes ces pauvretés. »

La végétation des *passeios* de Lisbonne est merveilleuse. Les héliotropes garnissent les murailles comme du lierre ; les géraniums ont trois mètres de hauteur ; les jasmins sont immenses ; les orangers forment des vergers. Le parc du château de la Pénha, aux environs de Cintra, se développe sur plusieurs lieues d'étendue ; camélias, myrtes, bananiers, géraniums, s'y pressent en allées si épaisses que le jour y pénètre à peine ; des eaux courent au pied des haies d'hortensias bleus ; les jardins enclavent deux montagnes d'où l'on voit la mer. Versailles peut seul donner une idée des vastes jardins du couvent de Santa-Cruz ; les ravages du temps et de l'abandon y ont épargné une énorme muraille de cèdres séculaires autour d'un lac presque aussi grand que la pièce d'eau des Suisses.

De cette Espagne, où le bananier et le palmier croissent en forêts, on passe sans être dépaysé dans les riches plantations de Cuba, bien plus voisines de l'Éden de Milton que les jardins anglais.

Ce sont de magnifiques avenues doubles de palmiers et de manguiers qui s'allongent entre d'interminables plaines de verdure où les plants de café semblent des massifs de lauriers du Portugal. A l'entour, les vastes frondaisons du bananier étendent leur ombrage et balancent leurs cimes légères pour protéger les arbrisseaux plus délicats contre les rayons du soleil. Des arbres à fleur et à fruit de toute espèce sont disséminés dans toutes les directions. Autour de la maison s'étend généralement un parterre, riche harmonie de couleurs, suave bouquet des parfums les plus variés; quelquefois un labyrinthe de citronniers cache une statue de marbre. Des ailes de la maison partent en ligne droite d'autres avenues d'amandiers, de limons, d'orangers pliant sous le poids de leurs fruits éclatants. C'est le domaine lui-même, comme le voulait Addison, et rien autre, qui constitue le jardin.

III

Fleurs de la erse; la Grande Avenue et les ille Arpents à Ispahan. — Jardins du Sérail; cimetières turcs. — Scutari; Choubrah. — Jardins du Grand-Mogol et du roi de Lahore. — Parc du Temple du Ciel à Pékin; le palais de la Mer sereine.

La Perse a-t-elle eu son Le Nôtre? Je l'ignore; mais ses jardins royaux, tels que le voyageur Chardin les décrit, ressemblent assez à une ébauche du Grand-Trianon. L'art de Le Nôtre se rattache en droite ligne à la composition des villas de la Renaissance, et celles-ci aux villas de Rome antique; de même les Persans sont restés fidèles aux traditions de leurs ancêtres; ils n'ont fait que rajeunir les paradis des satrapes et les accommoder à la vie apathique et voluptueuse où les ont réduits le fatalisme musulman et l'épuisement de leur race. Leurs jardins consistent ordinairement en une grande allée qui partage le terrain, tirée à la ligne et bordée de platanes, avec un bassin d'eau au milieu, d'une grandeur proportionnée au jardin, et deux autres plus petits sur les côtés. L'espace entre deux est semé de fleurs confusément et planté d'arbres fruitiers et de rosiers, et c'en est toute la décoration. On ne sait ce que c'est que parterres et cabinets de verdure, que labyrinthes et terrasses, et que ces autres ornements de nos jardins. Les Persans ne se promènent pas dans les jardins comme nous faisons; ils se contentent d'en avoir la vue et d'en respirer l'air. Ils s'asseyent pour cela en quelque endroit du jardin à leur arrivée, et s'y tiennent jusqu'à ce qu'ils en sortent.

La monotonie de l'ensemble et le négligé des détails sont amplement rachetés par la variété infinie des arbres fruitiers et des plantes fleuries, non que leurs espèces puissent égaler les nôtres en excellence et en beauté cultivée; les Persans ne pratiquent ni la greffe, ni les croisements féconds de notre horticulture raffinée; leur sol produit de lui-même tout ce que rassemblent leurs jardins.

Les fleurs de la Perse, par le vif des couleurs, sont généralement bien plus belles que celles de l'Europe et que celles des Indes. L'Hyrcanie est un des plus admirables pays pour les fleurs; il y a des forêts toutes d'orangers. La partie la plus orientale de ce pays-là, le Mazenderan, n'est qu'un parterre depuis septembre jusqu'à la fin d'avril. C'est aussi le meilleur temps pour les fruits.

Vers les confins de la Médie, aux frontières septentrionales de l'Arabie, les campagnes produisent d'elles-mêmes les tulipes, les anémones, les renoncules simples du plus beau rouge, les couronnes impériales. En d'autres lieux, comme autour d'Ispahan, les jonquilles croissent d'elles-mêmes ; aussi des narcisses de sept à huit espèces, du muguet, des lis et des violettes de toutes couleurs, des œillets simples et doubles et des œillets d'Inde d'une couleur qui éblouit, du jasmin simple et double, et du jasmin que nous appelons d'Espagne, plus beau et plus odorant qu'en Europe. Les guimauves sont aussi d'une belle couleur. Les tulipes ont la tige courte à Ispahan, ne montant qu'à quatre pouces de terre. Entre les fleurs d'hiver (septembre-avril), sont la jacinthe blanche et bleue, le lis des vallées, de petites tulipes, la violette, le muguet, la myrrhe. Au printemps, la giroflée jaune et rouge en égale abondance, des ambrettes de toutes couleurs, et une admirable fleur de clou de girofle (ainsi nommée parce qu'elle ressemble tout à fait à un clou de girofle); elle est d'un ponceau incomparable. Chaque tige porte une trentaine de ces fleurs arrangées en forme ronde de la grandeur d'un écu.

La rose est de cinq sortes, outre sa couleur naturelle : blanche, jaune, rouge (que nous appelons rose d'Espagne), d'un rouge encore plus ponceau, et bicolore : rouge et blanc ou rouge et jaune. On voit sur le même arbre des roses jaunes, jaune et blanc, jaune et rouge.

Rien de plus beau à voir que les arbres fleuris, surtout les pêchers ; car les fleurs les couvrent si fort, que la vue même n'y trouve pas de passage.

La dynastie des Séféwys, la plus intelligente qui ait gouverné la Perse depuis les Sassanides, avait fait de sa capitale, Ispahan, une merveille d'architecture. Les palais, les collèges même, activement protégés par la mère de Shah-Abbas le Grand, s'alignaient autour de charmantes cours encombrées de fleurs et de platanes. On ne voit plus aujourd'hui que de faibles restes de ces magnificences, contemporaines de Versailles, de Chantilly et de Sceaux. Les jardins du sérail étaient un ensemble féerique, bien que toujours régulier, de bassins, de volières, de pavillons, de palais, posés au milieu des grands arbres et des fleurs.

Les Champs-Élysées, prolongés de l'avenue de Neuilly, ne peuvent donner l'idée de la grande avenue d'Ispahan, longue de plus de trois mille mètres sur cent, et coupée vers son milieu par un magnifique pont.

« Les rebords du canal, qui coule au milieu d'un bout à l'autre, faits de pierre de taille, sont élevés de neuf pouces et sont si larges que deux hommes à cheval peuvent se promener dessus de chaque côté. Les rebords des bassins sont de même largeur. Les ailes de cette charmante allée sont de beaux et spacieux jardins, destinés aux grands officiers, dont chacun a deux pavillons :

l'un fort grand situé au milieu du jardin, consistant en une salle ouverte de tous côtés avec des chambres et des cabinets aux angles; l'autre sur le portail du jardin, ouvert du devant et des côtés, afin de voir plus aisément ceux qui vont et qui viennent dans l'allée. Ces pavillons sont de différentes construction et figure, mais presque tous d'égale grandeur, tous peints et dorés, ce qui offre aux yeux l'aspect le plus éclatant et le plus agréable. Les murailles de ces jardins, pour la plupart percées à jour, ressemblent à ces rangées de mottes qu'on fait sécher; en sorte que, sans entrer dans les jardins, on voit du dehors tous ceux qui y sont et ce qui s'y passe. Les bassins d'eau sont différents aussi et en grandeur et en figure. L'allée n'est pas unie au cordeau; on dirait qu'elle est en terrasses de quelque deux cents pas de long, plus basses d'environ trois pieds l'une que l'autre en deçà de la rivière, plus hautes d'autant au delà; les larges canaux sont plantés de hauts platanes à double rang. A travers les jardins des Vignes, des Mûriers, des Derviches, du Rossignol, du Trône, et vingt autres, au milieu des jets d'eau et des cascades, la superbe avenue débouche dans un domaine royal, nommé les Mille Arpents (non qu'il les contienne en effet, mais pour faire entendre que sa grandeur est extraordinaire).

« L'enclos est long d'un mille et large de presque autant, fait en terrasses soutenues de murs de pierre. On y compte douze terrasses élevées de six à sept pieds, l'une sur l'autre, et qui vont de l'une à l'autre par des talus fort aisés à monter, et aussi par des degrés de pierre qui joignent le canal. Il y a quinze allées, dont douze de traverse; et, de quatre en quatre de ces allées, vous trouvez un large canal d'eau à fond de cuve qui traverse le jardin parallèlement, passant sous des voûtes de briques à l'endroit de trois allées longues, afin de ne pas les interrompre. Ces allées longues, qui sont tirées au niveau, mènent d'un bout à l'autre du jardin. Celle du milieu est ornée d'un canal de pierre, profond de huit pouces et large de trois pieds, avec des tuyaux de dix en dix pieds qui jettent l'eau fort haut. Au bas de chaque terrasse, à l'endroit de la chute du canal, laquelle est en talus et fait une nappe d'eau, il y a un bassin de dix pieds de diamètre, et au haut il y en a un autre, sans comparaison plus grand, profond de plus d'une toise, avec des jets au milieu et autour. » On ne saurait énumérer les bassins, pavillons peints, jets d'eau et volières dorées qui embellissent ces modernes *paradis* de la Perse.

Les jardins turcs sont fort simples et conçus à peu près dans le même esprit que ceux des Persans; peu faits pour la promenade et beaucoup pour le repos. Il n'y a point de plus belle perspective que celle du Sérail à Constantinople, et le Bosphore ferait du plus humble parterre un endroit délicieux; le jardin du sultan n'a donc point de peine à être l'un des plus beaux du monde.

Le Sérail, ancienne résidence des sultans, affectée maintenant au séjour des vieilles sultanes, occupe la pointe des Jardins, extrémité orientale de Stamboul. Les bâtiments datent de Mahomet II.

Du côté de la terre règne une muraille crénelée, flanquée de tours, dont la vaste enceinte comprend de grands jardins où sont bâtis sans ordre, au milieu des platanes et des cyprès, nombre de kiosques simples et charmants. L'ancienne demeure des sultans domine de ses petits dômes les riches perspectives du Bosphore. M. de Lamartine veut que l'intelligence et l'amour de la nature soient l'instinct de la race turque. Il pense que « cet instinct des beaux sites, des mers éclatantes, des ombrages, des sources, des horizons immenses encadrés par les cimes de neige des montagnes, » rappelle les goûts naturels et spontanés d'un peuple pasteur; n'est-il pas plus juste de voir dans les sultans les successeurs des empereurs byzantins, et dans le choix de leur résidence l'imitation toute simple de ceux qu'ils venaient de supplanter? Le palais du Sérail est loin du luxe intérieur que nous déployons dans nos palais d'Europe. On dirait un assemblage de tentes en bois doré, percées à jour, un riche campement au milieu d'un parc « où les arbres croissent libres et éternels comme dans une forêt vierge, où les eaux murmurent, où les colombes roucoulent. »

Les terrasses planent sur les jardins et sur la mer; assis derrière les persiennes des kiosques, les sultans pouvaient jouir à la fois de la solitude et de l'aspect enchanté de l'Hellespont. Une grande colonne corinthienne, dite de Théodose, se dresse sur une plate-forme entre les Jardins de fleurs, qu'on ne peut visiter, et des kiosques également interdits aux profanes. Plus loin s'étendent deux grandes esplanades plantées de superbes platanes et de pins d'Italie, égayées par des bassins et des gazons.

En Turquie, les cimetières sont des promenades fréquentées. Il n'en est pas de plus beaux que le grand et le petit Champ des morts, à Péra.

Le grand Champ des morts est un plateau immense ombragé de sycomores et de pins. On s'assied sans scrupule sur les longues dalles qui couvrent les sépultures franques (souvent anglaises). Un café en forme de kiosque s'élève dans une éclaircie dont la vue domine la mer. Des rires bruyants résonnent sous ces arbres funèbres. On aperçoit distinctement le rivage d'Asie, chargé de maisons peintes et de mosquées, comme si l'on regardait d'un bord à l'autre du Rhin. L'horizon se termine au loin par le sommet tronqué de l'Olympe de Bithynie, presque confondu avec les nuages. Sur le rivage, à gauche, le palais d'été des sultans allonge ses colonnades grecques dorées.

Le petit Champ des morts consiste en un bois de cyprès au noir feuillage, au tronc grisâtre, sous lesquels sont plantés sans ordre, penchés à droite ou à gauche, des pieux de marbre, coiffés de turbans ; des terre-pleins entourés de balustrades signalent la sépulture des familles riches. Deux ou trois allées pavées glissent sous la futaie que borne une vieille muraille crénelée. Au-dessous de la colline funéraire se déploie un admirable spectacle, un lointain vaporeux et brillant, encore allégé par les arbres sombres et massifs du premier plan. Ce sont les tuiles brunes, les maisons rougeâtres du quartier de Kassem ; puis le golfe azuré qui sépare la pointe du Sérail et les Eaux-Douces d'Europe ; tout au fond, Constantinople aux dômes bleuâtres, aux minarets blancs, aux jardins mystérieux, se déroule en amphithéâtre, depuis les Sept-Tours jusqu'aux hauteurs d'Eyoûb.

« En face, sur la côte d'Asie, au delà de Scutari, se prolonge une ligne de palais d'été, coloriés en vert pomme, ombragés de platanes, d'arbousiers, de frênes, d'un aspect riant, et, malgré leurs fenêtres en treillage, rappelant plutôt la volière que la prison. Ces palais, rangés sur la rive de manière à tremper leurs pieds dans l'eau, ont assez l'aspect des bains Vigier ou Deligny. Les villas turques, sur le Bosphore, éveillent souvent cette comparaison. » (TH. GAUTIER.) Ce sont les kiosques des Eaux-Douces d'Asie, les palais des pachas, des sérails d'été, dont les longues galeries vitrées, véritables serres, abritent des arbustes rares et des fleurs de l'Inde.

Au Caire, les voyageurs admirent la promenade de Choubrah et les jardins de Méhémet-Ali. Un canal, un petit lac entouré de cafés et de jardins publics, précèdent une magnifique avenue, « la plus belle qu'il y ait au monde assurément, » où s'enfoncent à perte de vue les cavalcades. « Les sycomores et les ébéniers, qui l'ombragent sur une étendue d'une lieue, sont tous d'une grosseur énorme, et la voûte que forment leurs branches est tellement touffue, qu'il règne sur tout le chemin une sorte d'obscurité relevée au loin par la lisière ardente du désert, qui brille à droite au delà des terres cultivées. A gauche, c'est le Nil, qui côtoie de vastes jardins pendant une demi-lieue, jusqu'à ce qu'il vienne border l'allée elle-même et l'éclaircir du reflet pourpré de ses eaux. Il y a un café orné de fontaines et de treillages, situé à moitié chemin de Choubrah, et très fréquenté des promeneurs. Des champs de maïs et de cannes à sucre, et, çà et là, quelques maisons de plaisance, continuent à droite, jusqu'à ce qu'on arrive à de grands bâtiments qui appartiennent au pacha.

« On peut critiquer le goût des Orientaux dans les intérieurs ; leurs jardins sont inattaquables. Partout des vergers, des berceaux et des cabinets d'ifs taillés qui rappellent le style de la Renaissance ; c'est le paysage du Décaméron. Il est probable que les premiers modèles ont été créés par des jardiniers italiens. On n'y voit point de statues,

Une sakieh, à Choubrah

mais les fontaines sont d'un goût ravissant. »
(G. DE NERVAL.)

Ce ne sont que terrasses sur terrasses, couronnées de pavillons peints, dont les draperies de soie voltigent au milieu des festons de fleurs, longues allées de citronniers en quenouilles, bois de bananiers aux feuilles transparentes; et des roses, toujours des roses. « Les roses de Choubrah! c'est tout dire en Égypte. » La merveille du jardin, c'est un immense bassin de marbre blanc, le bain du harem, environné de colonnades; au milieu, une haute fontaine laisse couler ses eaux par des gueules de crocodile.

Comme la Perse, la Turquie et l'Égypte, l'Inde a toujours été le pays des jardins réguliers.

Dans ceux des Grands-Mogols, à Digue, les allées, soit qu'elles plongent dans les profondeurs du sol, soit qu'elles s'élèvent jusqu'à la cime des bois touffus qui les encadrent, et à portée des fruits et des perroquets dont ils sont couverts, sont maintenues, comme nos voies ferrées, à un niveau parfait. Ce qu'on a dit des jardins de Le Nôtre, que c'était de l'architecture, est surtout vrai pour ceux-ci; car tout y est pierre : le sol revêtu de dalles, les bordures garnies de petits murs sculptés à jour, et jusqu'aux gerbes de fleurs d'où jaillissent d'innombrables jets d'eau.

Les jardins de Schalimar, dit le prince Soltykoff, sont le Versailles des rois de Lahore (page 159).

Ils portent le nom de jardins suspendus, peut-être à cause de leurs terrasses superposées, ils abondent en orangers, en pièces d'eau animées d'une foule de canards et d'oies grises; les jeux des innombrables fontaines et cascades symétriques sont si artistement combinés, qu'ils saturent l'air d'une imperceptible poussière humide dont la fraîcheur pénètre les vêtements sans les mouiller. Les kiosques, les allées même, dans les grandes occasions, sont tapissés de délicieux cachemires. A l'entour des pavillons, des rampes de marbre blanc ciselé changent les nappes d'eau qui s'y précipitent en torrents de diamants.

Ne serait-il pas curieux de trouver le jardin classique dans cette Chine qui, dès la plus haute antiquité, s'ingéniant à rassembler dans ses parcs tous les sites tourmentés ou mélancoliques, subordonnait entièrement l'homme à la nature? Cette surprise ne nous manquera pas.

Madame de Bourboulon a vu à Pékin, dans le parc du temple du Ciel, de grandes avenues droites, dallées en pierre, bordées de chaque côté de balcons de marbre et entourées de futaies de cèdres deux fois séculaires. Le sol est couvert d'une couche épaisse de feuilles affilées et jaunies; on n'entend rien que le battement cadencé du pic noir qui frappe sur les vieux troncs, et le gémissement du vent qui souffle dans les clairières.

Les jésuites ont importé, au dix-huitième siècle, le goût français en Chine. Dans la grande enceinte de Youen-Ming-Youen, ils bâtirent, pour l'empereur Khien-Loung, une sorte de ville européenne où étaient reproduites les merveilles hydrauliques de Versailles.

Le palais dit de la Mer sereine est un singulier compromis entre le style de Mansart, ou plutôt de Gabriel, et le goût chinois. C'est un bâtiment avec avant-corps, attique, pilastres, flanqué de pavillons en saillie. A la porte d'entrée aboutissent deux magnifiques escaliers latéraux ornés à la chinoise, et dont les rampes sont décorées de nombreux vases à jets d'eau en guise de fleurs. (Voir les jets d'eau de la cascade de Saint-Cloud, et à Versailles ceux du perron entre la pièce du Dragon et la terrasse.)

Toutes ces eaux se rassemblent dans un grand bassin à peu près triangulaire. Douze animaux fabuleux, rangés sur le bord au pied des escaliers, lancent de l'eau, à chaque heure du jour, suivant le nombre. Pour une heure un seul jet; pour deux, deux, et ainsi de suite jusqu'à douze; c'est une horloge aquatique; les gerbes retombent au centre du bassin. En face du palais, un groupe de rochers porte une vaste coquille d'où sort un jet d'eau. Partout cascades et panaches retentissants. Tous ces jeux aquatiques étaient montés comme ceux de Versailles et de Saint-Cloud; mais il était rare qu'on se servît des conduits disposés par les jésuites jardiniers. Les serviteurs chinois préféraient remplir à force de bras les bassins et les pièces d'eau pendant le séjour de l'empereur.

De chaque côté et en dehors des escaliers, est une pyramide étrange et d'un goût charmant sur un piédestal. Ailleurs, les piédestaux ne sont que des caisses de marbre où se dressent de petits arbres dont les Chinois savent arrêter la croissance.

Pont chinois.

La partie du parc qui avoisine le palais de la Mer sereine a quelque rapport avec Chantilly; mais la fantaisie chinoise s'y mêle, avec une certaine incohérence pleine de grâce. On y voit un vaste lac avec son île reliée au rivage par un superbe pont de dix-sept arches. Vers l'ouest, un lac plus petit environne une île en forme de citadelle, où aboutit un grand pont d'une arche; puis, dans la même direction, deux tours dominent des hauteurs où s'étagent les édifices et les rochers artificiels couverts d'inscriptions. Il semble qu'en voulant imiter le jardin classique, la Chine l'ait transformé, et qu'elle ait tout d'abord traduit Versailles en Ermenonville.

CHAPITRE SEPTIÈME

LE JARDIN ANGLO-CHINOIS

Porte chinoise.

I

Bacon dessinateur de jardins; l'Éden de Milton; idées d'Addison et de Pope. Twickenham. Théorie de Walpole. — Kent et Brown. — Blenheim; Stowe.

Bacon (1560-1626) a composé, pour un prince qu'il ne nomme pas, un jardin que les Anglais aiment à considérer comme le type de leurs parcs paysagers.

Il recommande tout d'abord de réunir des fleurs et des plantes de toute saison, pour que chaque mois puisse présenter sa beauté particulière: décembre et janvier, par exemple, les houx, les lierres, lauriers, genévriers, cyprès, ifs, pins, sapins; février et mars, les primevères, les anémones, les pervenches, les violettes ; avril et mai, les arbres fruitiers en fleur, l'églantier, la giroflée, le lilas, la pivoine et le chèvrefeuille; juin et juillet, les lis, les œillets et les roses ; août et septembre, les fruits de toute couleur et de toute saveur. Cette succession d'ornements naturels procurera un éternel printemps. Une pelouse à l'entrée, un parterre au centre, une bruyère ou solitude à l'extrémité, sont les divisions qu'il adopte, toutes trois marquées par des haies. La pelouse sera entourée d'une galerie de charpente. La haie du jardin se compliquera de piliers et d'arceaux en bois, avec cage à oiseaux et morceaux de verres colorés. Tout en admettant des ornements d'un goût aussi douteux, Bacon repousse les tableaux taillés dans le genévrier et autres enfantillages. De petites haies basses, semblables à des bordures, avec des pyramides gracieuses, lui plaisent beaucoup mieux, et çà et là quelques colonnes en charpente. Il lui faut encore, juste au centre, une jolie montagne, parfaitement circulaire, garnie de trois allées menant à « un pavillon à boire avec cheminées bien propres et pas trop de bouteilles dans les armoires. » Il admet dans la partie plane des eaux transparentes, soigneusement entretenues, et un grand bassin, « susceptible de beaucoup d'ornements et de curiosités dont nous n'embarrasserions pas nos forêts, » tels que fond richement pavé, bordures de marbre, verres de couleur et statues basses.

Il arrive à la bruyère, ou désert, qui fait le troisième tiers de son plan, et qu'il veut aussi sauvage que possible. Point d'arbres, rien qu'un buisson par-ci, par-là, d'aubépine ou de chèvrefeuille, entremêlé de quelque vigne sauvage ; sur la terre, des violettes, des fraises, des primevères, semées sans ordre. J'aimerais encore, dit-il, de petits monticules dans le genre des taupinières, comme on en voit tant dans les bruyères, les uns couverts de serpolet, les autres d'œillets ou de pervenches blanches et bleues ; quelques-uns arboreraient comme des étendards un buisson d'églantiers, de houx ou d'épines-vinettes, de groseilliers rouges ou à maquereau, de genévriers, de lauriers ou de romarin. Ces bouquets d'arbrisseaux seraient taillés avec soin, de façon à les empêcher de croître outre mesure.

Les terrains latéraux seront sillonnés d'allées de tout genre, bordées de grands arbres. C'est là qu'on ira chercher la fraîcheur. Le jardin proprement dit n'admet que des arbustes, le parterre n'étant fait que pour les mois tempérés, ou « si nous sommes en été, seulement pour le matin et le soir ou les jours nébuleux. »

Walpole cite l'Éden de Milton comme le véritable jardin anglais et s'écrie : « Que dirons-nous de ce demi-siècle intermédiaire qui a pu lire un tel plan et qui n'a pas essayé de le mettre à exécution ? » A nos yeux, la belle description de Milton ne présente pas un plan et ne diffère pas sensiblement de toutes les autres peintures poétiques de la nature. L'Éden était adossé à une haute montagne où des cèdres, des sapins, des palmiers, élevant cime sur cime, ombrage sur ombrage, formaient un sublime amphithéâtre. Les quatre grands fleuves consacrés, avant de traverser « différents empires, » sortaient en claire fontaine du sommet de la montagne et tombaient dans l'Éden en cascade gigantesque.

« La Nature, encore dans son enfance, et méprisant l'art et les règles, déployait là toutes ses grâces et toute sa liberté. On voyait des champs et des tapis verts admirablement nuancés et environnés de bocages. Tout ce que la *Fable* attribue de merveilleux aux vergers des *Hespérides* s'offrait réellement dans l'Éden. Des troupeaux broutaient l'herbe tendre sur le penchant des vallons. Des palmiers ornaient de jolis monticules; des ruisseaux serpentaient dans un vallon fleuri. Ailleurs, s'ouvraient des grottes où régnait une délicieuse fraîcheur et que la vigne embellissait de ses grappes de pourpre. Les eaux d'agréables cascades venaient se réunir en un beau lac. Les oiseaux formaient un chœur mélodieux, et les zéphyrs, portant avec eux les odeurs suaves des vallons et des bosquets, murmuraient entre les feuilles légèrement agitées, tandis que *Pan*, dansant avec les *Grâces* et les *Heures*, menait à sa suite un printemps éternel. »

On ne s'attendait guère à voir Pan dans cette affaire, ni les Heures et les Grâces, ni les Hespérides. Walpole ne s'aperçoit pas qu'il fait la critique du goût anglais, lorsqu'il suppose que les successeurs de Le Nôtre auraient placé dans l'Éden un labyrinthe meublé des fables d'Ésope, des berceaux, des treillages et des fontaines de Girardon.

Les véritables promoteurs du jardin paysager furent Addison (mort en 1719) et Pope, qui vécut jusqu'en 1744. « Pourquoi, dit le premier, un propriétaire ne ferait-il pas de son domaine entier une sorte de jardin ? Grâce à de nombreuses plantations, il en tirerait autant de profit que d'agrément. Si les routes étaient entretenues par les riverains, si les prairies recevaient de l'art du fleuriste quelques légers embellissements, si les chemins serpentaient entre de grands arbres et des berges fleuries, un propriétaire composerait un délicieux paysage rien qu'avec son petit domaine. »

Dans une de ses plus agréables épitres, Pope condamne les jardins classiques, ceux dont l'architecture est la base, et recommande l'art nouveau, qui procède de la peinture et cherche à imiter la campagne, soit d'après elle-même, soit d'après Salvator ou le Guaspre. Il ne se moque pas sans grâce de nos bosquets taillés qui, selon l'expression de Walpole, ressemblent à des coffres verts posés sur des perches, et de ces allées propres que balayent les arbres dont on voudrait les voir ombragées.

« Allons, dit-il, passer une journée à la villa de Timon, où tout crie : « Voyez que d'argent on a « gaspillé ici ! » A en faire le tour, les bâtiments sont une ville, l'étang un océan, le parterre une plaine. Qui ne rirait, quand le propriétaire, avorton malsain, grelotte sous la bise ? O gigantesques amoncellements de petitesses ! qu'est-ce que tout cela ? Une carrière en mal d'enfant qui gonfle le sol. Devant, deux Cupidons bavardent ; derrière, un lac reçoit les flèches aiguës du vent du nord. Ensuite les jardins appellent votre admiration ; vous regardez de tous côtés, que voyez-vous ? la vallée. Point de complications agréables à la vue, point de *désert*. Pour varier la scène, les bosquets s'inclinent devant les bosquets, chaque allée a sa sœur, et la moitié de chaque plate-forme n'est que le sosie de l'autre. L'œil s'afflige à contempler la nature mise à l'envers : les arbres taillés en statues, les statues en quinconce comme des arbres ; là, une fontaine qui ne joue jamais ; ici, une maison d'été qui ne sait ce que c'est que l'ombrage. Là, Amphitrite navigue à travers des berceaux de myrtes ; ici, le gladiateur lutte et meurt dans les fleurs. Dans une mer à sec, le cheval marin languit et se désole, et les hirondelles perchent sur l'urne poudreuse du Nil. »

Après la critique, la leçon : « Qu'on bâtisse,

qu'on plante, qu'on dresse des colonnes ou que l'on recourbe des cintres, qu'on élève des terrasses ou que l'on creuse des grottes, en tout, il faut se souvenir que la nature est là. Traitez cette déesse en beauté modeste : ni ornements superflus, ni complète nudité. Ne livrez point au regard chacune de ses grâces; elles gagnent souvent à rester demi-voilées dans l'ombre. Le triomphe de l'art réside dans la variété des surprises qui mêle les perspectives et cache les raccords. Partout consultez le génie du lieu : c'est lui qui réclame les jets d'eau ou les cascades, l'escarpement d'un mont ou la rondeur d'un amphithéâtre, l'ouverture d'une clairière ou l'épaisseur d'un taillis. C'est lui qui fait ressortir les ombrages par leurs contrastes; lui qui prolonge ou brise les lignes du paysage. Demandez-lui vos couleurs et vos plans; il est le peintre et le dessinateur. »

La conclusion est inattendue : « Les fontaines et les parterres quitteront la scène, et l'homme trouvera ce qui doit lui plaire, un champ. » Alors quel besoin de jardins? Mais les poètes vont souvent plus loin qu'ils ne le veulent. Pope lui-même avait admis dans son jardin de Twickenham quelques-unes de ces fabriques dont l'Europe fut plus tard inondée. Il y avait, dit Walpole, un singulier effort de l'art et du goût, à savoir jeter tant de variété sur un espace de cinq arpents. Le passage de l'obscurité au grand jour par une grotte, les ressauts alternatifs des ombrages, les bocages épais, la disposition de la clairière et, au bout du jardin, la solennité religieuse de ce plant de cyprès qui mène à la tombe de la mère de Pope, sont ménagés avec un jugement exquis :

> Tel j'ai vu ce Twicknham, dont Pope est créateur ;
> Le voilà ce musée où, l'œil trempé de larmes,
> De la tendre Héloïse il soupirait le nom ;
> Là sa muse évoquait Achille, Agamemnon,
> Célébrait Dieu, le monde et ses lois éternelles,
> Ou les règles du goût, ou les cheveux des belles.
> Je reconnais l'alcôve où, jusqu'à son réveil,
> Les doux rêves du sage amusaient son sommeil ;
> Voici le bois secret, voici l'obscure allée
> Où s'échauffait sa verve, en beaux vers exhalée.
> Approchez, contemplez ce monument pieux
> Où pleurait en silence un fils religieux :
> Là repose sa mère ; et des touffes plus sombres
> Sur ce saint mausolée ont redoublé leurs ombres ;
> Là du Parnasse anglais le chantre favori
> Se fit porter mourant sous son bosquet chéri ;
> Et son œil, que déjà couvrait l'ombre éternelle,
> Vint saluer encor la tombe maternelle.
> DELILLE.

Ce petit domaine servit de modèle à Kent pour le plan de Carlton-House et de Rousham, son chef-d'œuvre.

Selon Walpole, le coup de maître, le pas décisif vers le jardin paysager, ce fut la destruction des enceintes murées et l'invention des fossés, essai hasardé, si étonnant alors qu'on l'exprima par une exclamation (ah ! ah !) pour marquer la surprise du promeneur devant une brèche imprévue. On n'eut pas plutôt donné ce coup de baguette que

Twickenham, près de Londres.

les campagnes voisines vinrent se grouper au fond du jardin. Il fallut bientôt que, pour s'assortir avec la liberté de la nature ambiante, le parc secouât son réseau de formes rigides. Si bien que l'horizon devint partie intégrante du plan, partie dominante, commanda la distribution des jardins.

Faisons observer en passant que cet artifice, tout indiqué par la nature, a été pratiqué de tous temps. Ce ne sont pas les Anglais qui l'ont découvert; il faut se défier de leur excessive vanité, qui les rend souvent par trop naïfs. Où la campagne entre-t-elle plus dans les jardins que dans la villa de Toscane de Pline, dans les villas de Tivoli et de Frascati, qu'à Versailles enfin, ou à Saint-Cloud, ou à Meudon?

« C'est alors (quand l'horizon devint partie intégrante du plan) que parut Kent, assez peintre pour sentir les charmes d'un paysage, assez hardi et ferme dans ses opinions pour oser donner des préceptes, et né avec assez de génie pour entrevoir un grand système dans le scrupule de nos essais imparfaits. Il franchit la clôture, et vit que toute la nature est un jardin. »

Kent (1685-1748) est celui de leurs dessinateurs que les Anglais opposent le plus volontiers à Le Nôtre. Il avait pour axiome que la Nature a horreur de la ligne droite. De là cette absence d'unité qui est le défaut de ses plans; ses idées, Walpole, son admirateur, l'avoue, eurent rarement de la grandeur. Après avoir proscrit toute école et toute règle, il ne sut point s'arrêter à de justes limites. Ne s'avisa-t-il pas de planter à Kensington des arbres morts, pour donner à la scène un plus grand air de vérité ? Les travaux de Kent paraissent avoir été aussi nombreux que ceux de Le Nôtre ; mais ils ont manqué de cachet personnel et d'unité : aussi est-il difficile de lui faire sa part dans la création des domaines fameux de Stowe, de Painshill, de Leasowe, de Hagley, qui ont été considérablement modifiés par ses continuateurs, Brown, Chambers ou Whately. Le parc anglais, étant plus ou moins une imitation de la nature, n'est jamais terminé ; rien n'y est nécessaire ; la raison n'y joue aucun rôle ; et c'est là son infériorité absolue vis-à-vis des villas d'Italie et des jardins français. Il a souvent plus de charme pour le promeneur, et toujours moins de mérite aux yeux d'un artiste. Ce n'est point que l'art, ou du moins l'artifice y ait manqué ; beaucoup d'écrivains spéciaux, le poète Mason, les dessinateurs Whately, Chambers, l'amateur Walpole, et tant d'autres, Shenstone, Repton, Alison, Hilpin, Uvedale-Price, en ont tracé les lois, traitant dogmatiquement des édifices, parterres, arbres, eaux, rochers, ruines même.

Voici quelques-unes des règles ou des idées, souvent contradictoires ou vagues, d'après lesquelles ont été composés les jardins anglais. Nous les empruntons çà et là aux ouvrages théoriques du poète Mason, de Walpole, de sir Henri Wotton, de sir Thomas Whately, et des Français Morel, Thoin et Girardin.

Un jardin étant un tableau, un sol nu est un canevas. L'eau et le feuillage sont les deux coloristes. La perspective est la beauté la plus essentielle d'un jardin. Les situations sont partout si variées qu'il ne peut jamais y avoir de monotonie tant qu'on étudiera, qu'on suivra la disposition des terrains, et qu'on saura tirer parti de chaque accident dans les points de vue.

L'art de former les jardins est aussi supérieur à l'art de peindre un paysage que la réalité est au-dessus de la représentation (grosse hérésie!). Les anciens jardins sont aux nouveaux ce qu'est une momie d'Égypte auprès d'une belle statue antique.

Cinq éléments doivent entrer dans la composition des jardins : les terrains, les bois, les eaux, les rochers et les bâtiments ; les quatre premiers empruntés à la nature, le cinquième, création de l'homme. Telle est, par conséquent, la proportion qui s'impose au dessinateur d'un jardin dans l'emploi de sa personnalité en face de la nature.

Les beautés d'un terrain résultent du mélange des trois formes : plane, convexe et concave. La première, qui règne dans les anciens jardins, est dénuée d'intérêt et ne peut que se subordonner aux deux autres dans les conceptions nouvelles. Il faut avant tout éviter les figures parfaitement régulières; avec cette restriction, la forme concave, présentant plus de surface et de perspectives prochaines que la forme convexe, est évidemment la plus favorable. Heureux si vous pouvez choisir un vallon dominé par un château féodal ou, à mi-côte, par une humble et gothique abbaye! Là vous n'avez rien à faire que de dégager l'effet martial ou religieux du site, et le comble de l'art est de s'y dérober.

Dans un terrain que l'artiste a disposé, l'harmonie des parties entre elles est l'objet perpétuel et principal. Dans la nature, les inégalités sont si considérables par elles-mêmes, que leurs rapports réels deviennent indifférents. Mais sur la moindre échelle d'un jardin, si l'ensemble est manqué, la composition paraît artificielle. Par exemple, une interruption marquée choque l'œil; il faut donc voiler les fossés, de manière que la campagne fasse partie du domaine et le continue à l'horizon. Rien de plus simple, si, du côté du jardin, on surélève le bord du fossé. Deux lignes d'arbres compléteront l'illusion.

Quand le terrain change de direction, il y a un point où commence le changement, et ce point ne doit jamais s'apercevoir. Mais il ne doit jamais y avoir d'uniformité, même dans les liaisons. Ainsi, la manière même de cacher la séparation doit être déguisée.

Dans une pente générale, quelques pentes partielles ajoutent à la rapidité, du moment qu'elles ne sont pas en sens contraire. Encore faut-il qu'elles n'aient point trop d'enfoncement, sans quoi l'œil saute par-dessus au lieu de glisser; c'est un hiatus et non une transition. Toutefois, dans un terrain vaste, on peut couper ou contrarier une pente au lieu de la précipiter. En thèse générale, avant de commencer de tels travaux, il faut savoir si le résultat gardera quelque chose de la majesté de la nature; car si ce n'en doit être qu'une copie microscopique, partant ridicule, mieux vaut tout simplement la prairie, le bosquet non planté, et le ruisseau modeste qui serpente parmi les fleurs des champs.

Le *Parterre* doit se présenter inopinément dans une clairière ou quelque autre lieu bien abrité. Les plates-bandes éviteront à la fois la régularité et la bizarrerie, tâchant d'imiter les sites sylvestres où les fleurs sont jetées au travers des pelouses, autour des buissons d'épines, et viennent souvent se ranger sur les bords du chemin. Comme un parterre est une œuvre d'art, déshéritée des beautés de la nature, sans perspective, ni rehauts, ni fonds, il est permis de l'orner de quelques bagatelles sérieuses qui veulent être examinées de près, telles que les emblèmes des Vertus et des Arts, les bustes des grands fleuristes, le tout sous quelque portique sans prétention.

Dans la disposition des grandes lignes, les arbres

sont d'un grand secours, déguisent certains défauts du terrain, ou dispensent de travaux onéreux. Aussi, sans être naturaliste, le jardinier devra être au fait de la taille, de la croissance, de l'aspect et des habitudes de chaque arbre; il lui faudra connaître ceux dont les branches naissent près ou loin de terre, les touffus et les déliés, les pyramidaux et les pommés, les ternes et les vernissés. Les couleurs, les allures des arbres produisent par leur juxtaposition des effets puissants et que l'on peut préméditer. On rangera bien les arbres toujours verts derrière ceux qui rougissent en automne ; ce sera un repoussoir aux tons différents des feuilles mortes. La perspective s'étendra au moyen de premiers plans d'une verdure sombre placés devant des feuillages grêles et pâles. Pour couvrir les difformités un peu trop apparentes du sol, on emploiera, mais avec discrétion, les hautes et profondes futaies. Avec un rideau d'ormes ou de peupliers, on cachera le bas d'une pauvre église de village et on n'en laissera voir que le clocher. Si une colline se dresse devant une perspective et la dérobe entièrement, outrez le défaut, plantez haut et épais le sommet du monticule ; et dépouillez la plaine qui le suit, à part un arbre çà et là.

Gardez-vous bien de planter des buissons sur le milieu d'une pelouse; craignez de l'encombrer. Il faut ranger les arbustes le long des allées, bien en vue, pour que l'on jouisse des agréments particuliers, fleurs, parfums, feuillages, qu'ils peuvent présenter. On n'ira point, à plus forte raison, perdre des arbres exotiques et rares en des plans étendus. Il sera raisonnable de les reléguer en des coins particuliers, où ils peuvent avoir quelque signification.

Si la nature a, dans un coin de parc, préparé d'elle-même un site sauvage, un désert tout à fait, on n'a plus qu'à en faire ressortir l'âpreté par l'adjonction discrète de quelques touffes d'arbrisseaux. On vêtira les rochers de lierres, de fougères, d'œillets rustiques. Si elles atteignent une certaine hauteur, une petite et légère fabrique au sommet en augmentera l'importance. Les rochers peuvent difficilement se passer de bois ou d'eau ; ils aiment à être couronnés de grands pins et parcourus par une cascatelle bondissante.

Plusieurs chutes d'eau qui se succèdent sont préférables à une grande cascade, dont la figure et le mouvement sont trop réguliers. Une rivière parsemée d'îles ovales, entre des bords parallèlement contournés, donnera au parc de la variété, du calme et de la fraîcheur. Un bon moyen d'en allonger et même d'en élargir le cours, c'est de la couper de ponts. On doit mettre à profit ce que donne la nature, fontaines, ruisseaux, torrents ; mais c'est une hérésie, un contre-sens, que d'enfermer l'eau en des bassins de pierre, de l'élever malgré elle en gerbes et en panaches : il faut lui laisser sa pente et ses courbes, les exagérer plutôt. Les cascades en escaliers sont formellement condamnables, l'eau ne se conduisant pas ainsi quand elle est livrée à elle-même ; il faut une bonne vraie chute, de roc en roc. Cependant, les lacs étant dans la nature, on admettra dans les parcs des étangs habités par de jolis poissons, semés d'îles, et animés par des massifs dont le soleil allonge ou raccourcit les ombres.

Les ruines sont belles et expressives ; elles s'accommodent aisément aux irrégularités du terrain ; elles donnent de l'âge au domaine. Mais il faut qu'elles fassent illusion, qu'elles ne soient ni trop frustes ni trop neuves. Là est la difficulté ; les moins compliquées seront toujours les meilleures, à moins d'un talent consommé ; on recommande les naumachies, les aqueducs, les colonnes tronquées, les tombeaux.

Comme pour les ruines, pour tous les bâtiments accessoires, il est plus avantageux d'être vus obliquement que directement ; tous les détails doivent se fondre dans l'ensemble. Toutefois, il faut reconnaître une certaine opposition entre l'architecture et le jardinage, car les édifices veulent être réguliers, et les jardins demandent une irrégularité quelconque, ou au moins une certaine rusticité dans la régularité. Autour de la maison d'habitation, il sera convenable de modérer les écarts de la nature et de l'astreindre à quelques formes indiquées par le bâtiment lui-même. Tous les environs de la maison doivent participer de sa forme. Si une avenue conduit au portail, elle y aboutira bien à angle droit; des termes, des statues, des vases, des pavillons seront admis sur les terrasses. Au reste, tous les genres d'architecture sont compatibles avec les dispositions d'un parc, et nul décorateur n'est plus accommodant que la nature.

On peut diviser les parcs en quatre genres, selon leur richesse ou leur simplicité, leur dimension ou leur destination. Le Parc et la Carrière, ou Pays, diffèrent assez peu : les massifs et les futaies jouent un plus grand rôle dans le premier; il y a plus de liberté naturelle dans la seconde. La Ferme est le domaine dont parlait Addison, un compromis entre la culture lucrative et la décoration de luxe. Le Jardin proprement dit n'a pour objet que l'agrément.

A vrai dire, on ne voit pas trop ce que ces théories et ces divisions apportent de nouveauté dans la conception des parcs. Comme les jardins classiques, les jardins paysagers admettent l'emploi, l'appropriation humaine, du terrain, des eaux, des bois, des rochers, des bâtiments; on y préfère la ligne courbe à la ligne droite, la pelouse au tapis vert, le lac au bassin, les rochers aux girandes; en sont-ils moins factices? Ils le sont moins franchement, voilà tout; et en voulant imiter la nature, ils arrivent à la singer mesquinement. Contentons-nous de planter des bois et d'y ouvrir des allées, mais n'y semons pas, comme nous l'allons voir, la plus bizarre multitude de curiosités hétéroclites. Sinon, revenons aux jardins de Le Nôtre qui subordonne nettement la nature à la fantaisie humaine. Et encore, est-ce que Le Nôtre ignorait l'art des plantations, des parterres, l'aménagement des terrasses et des eaux? est-ce qu'il oubliait d'agrandir les perspectives à l'aide des campagnes environnantes? est-ce que la plupart de ses grands ouvrages ne réunissaient pas tous les genres sur lesquels on s'est tant appesanti à la fin du dix-huitième siècle, le jardin, la ferme, le parc et la carrière? Le jardin anglais n'est lui-même qu'un genre du jardin de la Renaissance et du jardin français, une modification secondaire et qui n'a rien produit d'égal à la villa Aldobrandini, à Versailles, à Caserte, à Aranjuez : c'est ce dont on pourra juger avant la fin de ce chapitre.

Disons que, sans un vaste espace, il ne peut exister de véritable jardin paysager, et que partout où la nature avoisine une œuvre de l'homme, maison, statue, vase, elle doit se plier aux exigences de son maître et s'habiller à l'italienne et à la française. Réduit à des proportions médiocres, telles qu'en comportent les jardins de nos maisons bourgeoises et les squares des villes, le style anglais est particulièrement mesquin et affecté.

« Un danger pressant, dit Walpole, menace notre goût : la recherche de la variété. Un Français l'a dit avec justesse : l'ennui du beau mène à la singularité. »

Nous avons cité deux ou trois des plus remarquables parcs dessinés par Kent ou son école. Les domaines de ce genre abondent en Angleterre et en Écosse, tous beaux et verdoyants, munis de pelouses magnifiques de charmants bouquets d'arbres et de plus ou moins de fabriques ou de ruines. On peut dire qu'ils se ressemblent tous par la variété même qui empêche d'en saisir le plan et qui en fait des paysages charmants, mais sans caractère particulier. Cependant Painshill était remarquable par son agreste simplicité ; Longlate par son aspect riant et ses vastes perspectives ; Wilton par les accidents de son sol et l'étroitesse de son horizon. On vante la végétation de Sion-House, au duc de Northumberland, que Brown planta sur les rives de la Tamise, en face de Kew.

> Chiswick, plein des trésors de la ville et des champs,

est semi-classique ; on y trouve les vieux ifs de Louis XIV et la disposition ondoyante des parcs nouveaux ; on y voyait un pavillon dans le style de Palladio ; Chiswick appartient au duc de Devonshire. Blenheim, à Woodstock, domaine offert à Marlborough, présente, à côté d'un premier jardin symétrique, un beau parc de Brown. Certains bouquets d'arbres jetés au milieu des pelouses sont admirablement groupés ; la végétation est splendide ; ce ne sont que platanes, ifs, épicéas, tulipiers, catalpas, cèdres du Liban. Mais toute cette riche verdure, cette suite incohérente de perspectives diverses, ont certainement moins de grandeur significative que la grande avenue de trois milles de long qui vient se terminer, en face même du château, par un arc de triomphe à pilastres corinthiens : c'est bien là l'offrande de la nation anglaise au vainqueur de Ramillies.

Stowe, dans le Buckinghamshire, modèle reconnu du jardin anglais orné, d'abord planté à la française, fut transformé par Bridgman et Kent, sous la direction du propriétaire, lord Cobham. Vanbrugh et divers autres artistes contribuèrent depuis à son embellissement. Admiré de Pope, il n'a rien perdu de sa renommée.

Le domaine a de trois à quatre cents arpents. C'est un ensemble très compliqué de terrasses, de pièces d'eau, et surtout de fabriques sans nombre, groupées autour du château et comme noyées dans un vaste parc extérieur ou carrière qui communique par plusieurs grilles au jardin central. On ne peut guère qu'en mentionner les perspectives les plus réussies sans en indiquer la distribution ; c'est un plan à la main qu'il faudrait marcher à travers ces fantaisies jetées là pêle-mêle sans destination utile et sans lien qui les rattache.

La perspective de la terrasse méridionale a beaucoup d'agrément; elle domine une belle pelouse semée de troupeaux, et dans le fond, au bout d'une large avenue bien alignée, une grande pièce d'eau régulière formée par la jonction de deux rivières sinueuses. La terrasse mène à une orangerie, annexe d'une des ailes du château, et qui se développe devant un gracieux parterre.

Un bosquet sillonné de chemins capricieux précède le temple dorique de Bacchus, annoncé par des sphinx, et décoré de médiocres peintures; un tapis vert, un grand lac, un temple de Vénus, sur la rive opposée, lui font un attrayant horizon. Dans le bois voisin, une sorte de cellule de la Thébaïde, en troncs d'arbres, surmontée de deux croix agrémentées de vilaines inscriptions où « le latin dans les mots brave l'honnêteté, » se nomme l'ermitage de Saint-Antoine; à peu de distance, comme un reste de la fameuse tentation, danse une dryade de pierre.

Les dômes des deux pavillons qui terminent les jardins au couchant sont couronnés d'une petite rotonde à deux colonnes; Kent les a reliés par une belle grille en fer. Si maintenant nous coupons droit vers la gauche, la clairière nous laissera voir la pyramide consacrée à Vanbrugh, monument noirâtre qui a bien vingt mètres de haut. Le labyrinthe voisin est d'un aspect plus gai; ses détours nous conduisent par de jolies salles de verdure, à une éminence ornée de cyprès où une statue de la reine Caroline repose sur quatre colonnes ioniques.

Nous nous apercevons bientôt que nous avons tourné autour du grand lac entrevu tout à l'heure ; nous voici arrivés au bord de l'eau. Deux îles verdoyantes, les pelouses ou les bosquets des rives, des rochers semés de grottes que fréquentent des dieux marins en marbre, une superbe cascade et surtout des troupes de cygnes font de ce lieu la plus piquante et la plus animée des scènes de Stowe. Le temple de Vénus, appuyant sur un petit bocage ses trois pavillons reliés par un hémicycle de six arcades, fait pendant et face au temple de Bacchus; l'intérieur du pavillon principal est décoré de peintures d'après la *Reine des Fées* de Spencer. Au delà de la grande pelouse, est un autre édifice consacré encore à Vénus : c'est la Rotonde, élevée de manière à former le centre d'une foule de points de vue. A ses pieds, au milieu des taillis, se cache la caverne de Didon, séparée par un sentier sombre mais court d'un monticule où s'élève la colonne corinthienne de Georges II. La colline est habilement placée au centre d'un panorama où se groupent le lac avec la Rotonde et le temple de Vénus, le château et des édifices que nous ne connaissons pas encore, le temple des grands hommes, la colonne de Cobham et la grande porte Buckingham.

Nous ne sommes pas au bout des monuments et des points de vue. Le temple de l'Amitié ne nous arrêtera pas ; nous le retrouverons partout. Nous descendons dans un vallon garni ou farci de fabriques ; ici une colonne, cannelée, octogone, couronnée de huit petites colonnes, coiffée d'une rotonde, porte la statue de lord Cobham ; là un temple gothique agrémenté de six divinités saxonnes, semble un voisin bien rébarbatif pour un château antique et pour un pont dans le goût de Palladio. Mais la grâce de la rivière, la richesse de la végétation, la beauté des vues sauvent ou compensent les disparates.

Le pont, en lui-même, est magnifique. Il élève, au premier tiers du vallon, une décoration aussi élégante que majestueuse, formée de portiques reliés par des balustrades. C'est l'une des fabriques les mieux motivées du jardin ; et sans le temple gothique en grès rouge, ce paysage à la Claude Lorrain serait irréprochable.

Comment arrivons-nous à une terrasse du nord bordée d'ifs toujours noirs ? Je ne sais, mais nous y voilà. Jouissons simplement de l'admirable horizon du grand parc, qui se développe en pelouses immenses couvertes de troupeaux, en forêts giboyeuses et en campagnes semées de moissons et de villages : c'est la nature elle-même, et combien plus belle dans sa variété spontanée que dans les complications factices des jardins paysagers ! Toutefois on l'a affublée encore d'une ferme moyen âge, à créneaux (horreur!), et d'une exécrable statue équestre de Georges III; seul, un grand obélisque de trente mètres y figure avec noblesse : c'est un monument dédié à Wolfe, le vainqueur de Québec, un des plus grands généraux de l'Angleterre.

Entre la terrasse du nord, qui marque une des limites du jardin, et la façade septentrionale du château, il y a encore à voir une foule de curiosités : une exacte réduction du Parthénon (sauf les frises), dédiée à la concorde, à la victoire et à la liberté publique, décorée, en bas-relief, des victoires remportées sur les Français; deux vallons, l'un avec vue sur la colonne Cobham, l'autre couvert de bois, où Hercule et Antée font pendant à Caïn et Abel, tous quatre en plomb blanchi ; le temple des Dames, aux trois rangs d'arcades croisées, pavé de cailloux plats en mosaïque, peint à l'avenant, soutenu de colonnes de marbre rouge et blanc, ouvert sur de riches perspectives; une grotte de porcelaine et de pierre à fusil, genre rocaille, réfléchissant aux mille facettes de ses glaces les beautés d'une jolie statue de marbre blanc, et précédée de deux rotondes, à six colonnes, à coupole qui servent d'abri à des groupes d'enfants, Whately blâme justement cet étrange amalgame, et surtout ces rotondes, en un lieu qui veut être sauvage. Il faut louer cependant les arbrisseaux, les lierres qui enveloppent à demi la grotte et la délicieuse alternance des pelouses et des bocages. Ici encore, des cascades, une île avec bains froids décorés de médaillons d'empereurs romains, et les gracieux méandres de la rivière des aulnes. Plus loin, dans un endroit nommé Champs-Élysées, l'amphithéâtre de gazon où seize bustes d'illustres *Bretons*, tels que Pope, Milton, Shakespeare, Locke, Newton, Bacon, le roi Alfred, Drake, etc., s'élève au milieu des lauriers-roses. Par une étrange anomalie, dans ces bocages païens et classiques se cache une église paroissiale avec un faux cimetière rempli de fausses épitaphes. Nommons encore la colonne rostrale du capitaine Grenville ; un péristyle de seize colonnes ioniques, consacré à l'antique Vertu, sous les traits colossaux d'Homère, Lycurgue et Épaminondas ; le temple de la moderne Vertu, amas informe de ruines entrelacées de lierre et de ronces ; l'arcade d'Amélie-Sophie, tante du roi (1760), entourée d'Apollon et des muses en hémicycle ; deux gladiateurs combattant près d'une cabane rustique ; un singe assis qui se regarde dans un miroir, sur une colonne tronquée, dédiée à Congrève ; et dans une grotte en forme de coquille, les armes des Cobham avec la devise : *Templa quam dilecta!* Tout cela disséminé dans les bois, au bord des eaux, sans ordre et non sans grâce, constitue une sorte de musée incohérent, bien inférieur à la grandiose conception logique de Versailles.

II

**Jardins des Bonzeries chinoises.
Le Palais d'été des empereurs chinois. — Yédo.
Les Jardins au Japon**

Stowe n'est rien à côté de la complication des jardins chinois. Iles pyramidales, portiques, kiosques, bassins, tours, hameaux, ponts de toute forme, chemins de toute courbure. Les Chinois accumulent d'innombrables fabriques; ils excellent à les isoler, à les éloigner les uns des autres par des monticules et des allées tortueuses; ils simulent des lointains par des plantations graduées d'arbres décroissants. Aimant peu la marche, ils disposent en chaque endroit des lieux de repos, chacun pourvu de son point de vue, de son lac ou de sa bibliothèque. Tel parterre est consacré au printemps, tel ruisseau à l'été, tels autres objets à telle heure de la journée.

Dans les bosquets du printemps, on ménage des

serres, des volières et des ménageries, de grands espaces découverts destinés au manège, à l'escrime, au tir et à la course. Les scènes d'été admettent des lacs, des rivières, avec des flottilles de plaisance, de joute, de pêche et de combat. Salles de bain, de repas, de lectures, de concerts, de méditation, labyrinthes cachant dans des massifs d'arbres rares de discrets pavillons, salons ouverts sur de petites cours embaumées par des pots de fleurs, volières, fontaines, poissons dorés, lacis de vignes et de bambous, rien n'y manque de ce qui rendait cher aux Romains les Thermes de Caracalla. Aux scènes d'automne appartiennent les ermitages, où vivent les vieux serviteurs, les tombeaux des ancêtres, les grands chênes, les hêtres ou les pins, les souches mortes couvertes de mousse et de lierre.

Les Chinois imposent aux sites des aspects riants, mélancoliques ou terribles, afin de choisir à coup sûr une promenade appropriée à l'humeur du moment.

Leurs artistes excellent à combiner des sites romantiques, à multiplier les échos, à faire mugir le vent entre les rochers, à dissimuler sous la terre le cours rapide d'un torrent dont le fracas inexplicable étonne une oreille inexpérimentée. Ils imaginent des scènes d'horreur, des roches pendantes, des cavernes obscures, des cataractes impétueuses, des arbres difformes, et qui paraissent courbés par la violence d'un ouragan, ceux-ci renversés par la fureur des eaux, jetés au travers des torrents, ceux-là brisés et comme calcinés par la foudre. Des ruines, des cabanes éparses sur les flancs nus des côtes arides complètent le tableau par l'idée de la misère et de la faim. D'habiles contrastes effacent bientôt ces impressions pénibles. Ce ne sont plus que rivières délicieuses, riches ombrages, paysages élyséens.

L'art consiste à disposer les sites de manière qu'envisagés séparément, ils se déploient sous l'aspect le plus avantageux, et que, considérés en bloc, ils forment un ensemble aussi élégant que magnifique. Quand le terrain est borné, les Chinois l'agrandissent en y accumulant des côteaux factices, des vallons, des sentiers tortueux, en y associant les campagnes voisines. Si les environs n'offrent aucun point de vue, les jardins sont enveloppés de terrasses sur lesquelles on monte par des glacis. Ces terrasses sont couronnées de grands arbres et de buissons qui dissimulent les clôtures.

Les eaux entrent peut-être pour la moitié dans le plan d'un jardin chinois. Des îles pyramidales s'élèvent au-dessus des lacs, portant un temple, une rotonde ou un colosse. Certaines constructions aux plafonds de glaces, aux murs de coquillages, aux planchers de jaspe, d'agate et de madrépores, figurent sous les eaux des palais de nymphes, véritables aquariums pleins de poissons dorés. Des ponts de toute matière et de toute forme, souvent en ligne brisée, traversent les ruisseaux, les rivières, joignent les ilots aux rives des lacs, se prolongent en galeries, s'élèvent en arcs de triomphe, en riches escaliers pavés de mosaïques brillantes.

Enfin, les Chinois peuvent prétendre qu'aucun des arts ne surpasse le jardinage. Leurs jardiniers sont des botanistes consommés, mais aussi des peintres et des philosophes qui ont su prévoir, pour les combattre ou les exciter, tous les sentiments qui naissent dans le cœur humain. Ils ne se contentent point, comme le voulaient Addison, Kent, Brown, d'imiter à s'y méprendre la liberté de la belle nature; ils en veulent faire la consolation, l'amie et la compagne de l'homme ; ils arrivent à lui prêter des intentions, des pensées et une puissante magie.

Le malheur est qu'en morcelant la nature pour amuser leur paresse, en l'astreignant à une excessive variété, ils en font une marquetterie ; en la pliant à l'expression des sentiments moraux, ils la faussent et la surmènent. Leurs chefs-d'œuvre sont souvent des curiosités maniérées.

On en jugera mieux par la description d'une de leurs bonzeries et des fameux jardins du Palais d'été, qui, avant d'être saccagés par l'armée anglo-française, pouvaient passer pour le modèle du genre paysager en Chine. Les restrictions que nous avons faites ramèneront à sa juste valeur l'enthousiasme des témoins oculaires dont nous emprunterons les impressions.

« Les Chinois, dit madame de Bourboulon, choisissent pour élever un temple un site riant et pittoresque, avec des eaux pures, de grands arbres et une végétation fertile; ils y creusent des étangs et des ruisseaux, et y tracent une foule d'allées tournantes, près desquels ils multiplient les arbustes et les fleurs (surtout les *asters*); par ces avenues fraîches et parfumées on arrive à plusieurs corps de bâtiments entourés de galeries, dont les piliers sont couverts de plantes grimpantes.

« La bonzerie de Ho-Kien (province de Tientsin), une des plus vertes et des mieux entretenues que j'aie encore vues, est située sur le penchant d'une colline agreste où sont disséminés, dans un désordre pittoresque, les vingt-cinq pagodes, temples et kiosques dont elle se compose... Je m'acheminai, sous la conduite d'un jeune bonze, vers le parc dont on aperçoit les hautes futaies. Après avoir franchi quelques kilomètres, nous nous engageâmes sous l'ombre épaisse d'une allée bordée d'arbres centenaires. Elle décrivait mille détours capricieux à travers des ravins, des étangs, des ruisseaux bordés de plates-bandes de fleurs odorantes et d'arbustes aromatiques, et nous amena au débouché de grottes profondes taillées en plein rocher, en face d'un lac majestueux au-dessus duquel un temple principal élevait ses portiques de marbre, soutenus par douze colonnes de granit. Rien de plus saisissant que l'aspect architectural et grandiose de ce monument, qui se reflète dans les eaux paisibles du lac. Au milieu de nymphéas roses qui étalent leurs brillantes corolles au-dessus de leur tige d'un vert tendre moucheté de noir, se promènent des canards mandarins, couleur de feu et d'azur; des gouramis et des dorades aux écailles d'or et d'argent s'y jouent à la surface de l'eau et sautent pour attraper les mouches luisantes qui forment comme des chœurs aériens; de temps en temps, des tortues, effrayées par notre passage, se laissent tomber dans le lac, semblables à de grosses pierres qui roulent; de petits oiseaux gazouillent sur les longues branches des saules pleureurs et des peupliers argentés. Le spectacle de ce paysage enchanteur me fit une vive impression, et je ne crois pas avoir vu dans aucun autre pays du monde un parc où la nature, secondée par l'art, se soit présentée à moi sous des dehors aussi séduisants. »

Le Palais d'été des empereurs de la Chine (Youen-Ming-Youen) frappa d'admiration les soldats européens qui le saccagèrent. C'est, dit M. Pauthier, l'ensemble le plus extraordinaire de palais, de pavillons, de kiosques, de pièces d'eau, de rochers, de collines et de vallées factices que la main de l'homme ait jamais créé. L'emplacement fut choisi par Young-Tchin, sur les recommandations de

Khanghi, son père, au dix-septième siècle. L'exécution appartient à Khien-Loung, mort en 1796, après soixante ans de règne. Un album chinois, dessiné et peint en 1744, nous a conservé toutes les dispositions et toutes les splendeurs de cet immense domaine, plus grand que Pékin. La bibliothèque nationale possède cet album.

A un peu plus de trois lieues de la porte occidentale de Pékin s'étend la double enceinte qui renferme quarante palais chinois et une vingtaine d'autres construits à l'européenne. En avant, dans le village d'Haï-tien, se logeaient tous les fonctionnaires et les courtisans. C'était un véritable Versailles chinois.

Outre le palais de la Mer sereine, quelques autres sites méritent une description particulière.

L'habitation ordinaire de Khien-Loung, annoncée par trois singulières portes triomphales, était située à l'entrée du parc. Assemblage prodigieux de bâtiments, de cours, de jardins, on eût dit une ville d'un quart de lieue en tout sens. Elle avait ses quatre portes aux quatre points cardinaux, ses tours, ses murailles, ses parapets, ses créneaux, ses rues, ses places, ses temples, ses halles, ses marchés, ses boutiques, ses tribunaux, ses palais, son port. C'était une miniature de Pékin. On va jusqu'à raconter qu'en certaines circonstances, des eunuques et des valets, prenant les rôles et les costumes des Pékinois, imitaient au naturel le mouvement de la grande ville, y compris les rixes, les émeutes, les condamnations et les exécutions, quelquefois sanglantes. Le Fils du ciel daignait s'amuser de cette parodie de son empire.

Le palais de la Méditation occupait le sommet d'un rocher en surplomb sur un lac. Au-dessous, au milieu d'un détroit, s'élevait sur un soubassement carré un pavillon à jour, relié aux côtes par deux escaliers symétriques.

La *Cour des boissons fermentées, au milieu des fleurs de nélumbium agitées par le vent* occupait la rive d'un lac couvert de fleurs de lotus ou nélumbium, et semé de pavillons. L'une de ces constructions renfermait une bibliothèque de dix mille cinq cents ouvrages volumineux. Sur le lac se déployait un riche pont à arcades étroites, régulièrement croissantes et décroissantes, à parapets ornés de petits édicules pyramidaux.

Trois îles reliées par des ponts en zigzag, bordées de rochers symétriquement sauvages, ombragées d'arbres pleureurs et d'essences diverses, riches en kiosques et galeries à jour peintes des plus magnifiques vernis, formaient le palais des Génies et des pierres précieuses. « On doit supposer, dit la légende de l'album, qu'elles ont été établies exprès pour y passer des journées à étudier, à peindre. En les voyant, on se croit transporté par la pensée dans la montagne des Immortels. On dirait que l'on a sous les yeux les douze *salles d'or* (les signes du Zodiaque). »

Au milieu d'un vaste bassin, sur un rocher, l'or et les laques éclatantes resplendissent, ou mieux resplendissaient, dans les moindres détails d'un palais féerique à cent chambres, à quatre façades. Les rives sont variées à l'infini ; aucun endroit n'y ressemble à l'autre, ici, ce sont des quais de pierres de taille où aboutissent des galeries, des allées et des chemins ; là, des quais de rocaille en manière de degrés, ou bien des terrasses, et, de chaque côté, un escalier montant aux bâtiments qu'elles supportent ; et au delà, d'autres encore, avec d'autres palais en amphithéâtre. Ailleurs, c'est un massif d'arbres en fleur, un bosquet d'arbres sauvages, et qui ne croissent que sur les montagnes les plus désertes : arbres de haute futaie et de construction, arbres étrangers, arbres à fleur, arbres à fruit.

On trouve à l'entour quantité de cages et cabanes ornées, moitié dans l'eau, moitié sur terre, retraite d'oiseaux aquatiques innombrables (ailleurs, il y a de petits parcs pour la chasse et de petites ménageries). Un grand espace, entouré de treillis en fil de cuivre très fin, y rassemble en foule les poissons précieux et rares, brillants comme or et comme argent, bleus, rouges, verts, violets, noirs, gris de lin, ou bariolés et moirés de toutes ces couleurs ensemble.

A de certaines heures, comme par enchantement, le lac se couvrait de barques dorées et vernissées. Les nuits de fête, et surtout à la fête des lanternes, des illuminations, des feux d'artifice bien plus parfaits que ceux de l'Occident, inondaient le bassin d'une pluie de reflets et de fleurs enflammées. Point de chambre, de salle, de galerie, de statue où ne parussent plusieurs lanternes; il y en avait sur tous les canaux, sur tous les bassins, en façon de petites barques promenées par les eaux ; sur les ponts, sur les montagnes, presque à tous les arbres; et toutes d'un travail fin, délicat, de toutes grandeurs, de toutes formes et de toutes matières, poissons, oiseaux, animaux, vases, fleurs, fruits ou bateaux, de soie, de nacre, de corne ou de verre; on en a vu de peintes, de brodées, qui ne l'avaient pas été à moins de mille écus.

Voici la légende de l'album :

« Ce site est *en forme de vase ou de coupe quadrangulaire*. A l'orient est le palais *des perles*, qui brillent comme les pistils de fleurs abondantes ; à l'occident, trois grands bassins forment comme des croissants de lune. Une verdure naissante brille dans les intervalles vides. Enfin tout ce qui se découvre à la vue fait de ce lieu un *site sans rival.* »

Toutes les montagnes et les collines sont couvertes d'arbres, et surtout d'arbres à fleur, qui sont très communs. Les canaux ne sont point.

comme chez nous, bordés de pierres de taille tirées au cordeau, mais tout rustiquement avec des morceaux de roches, dont les uns avancent et les autres reculent, et qui sont posés avec tant d'art qu'on dirait que c'est l'ouvrage de la nature. Tantôt le canal est large, tantôt il est étroit; ici il serpente, là, il fait des coudes, comme si réellement il était maîtrisé par les collines et les rochers. Les bords sont semés de fleurs qui sortent des rocailles et qui paraissent être le produit de la nature; chaque saison a les siennes. Outre les canaux, il y a partout des chemins, ou plutôt des sentiers qui sont pavés de petits cailloux et qui conduisent d'un vallon à l'autre. Ces sentiers vont aussi en serpentant.

Les galeries, non plus, ne vont guère en droite ligne; elles font cent détours pour embrasser un bosquet, un rocher ou un bassin. Leurs toitures, en selles et en dos d'âne, sont terminées par de capricieux frontons. Les ponts ne sont pas moins libres en leur forme : ils tournent en serpentant, si bien qu'un espace de trente ou quarante pieds de long comporte un pont qui en a cent ou deux cents. Le bois, la brique, les pierres de taille sont tour à tour employés à la construction des ponts. Les uns ont pour garde-fous des balustrades de marbre sculptées en bas-relief et ciselées avec art, d'autres portent à leurs extrémités des pavillons à jour ou d'élégants arcs de triomphe.

On veut partout un beau désordre, une antisymétrie. La variété de toutes ces maisons de plaisance, disséminées dans une foule de petits vallons, derrière de petits monticules, au bord de petits lacs, aux colonnes de cèdre ou de marbre, aux charpentes laquées, aux murailles polies, aux toits rouges, jaunes, bleus, verts, violets, se trouve non seulement dans la position, la vue, l'arrangement, la distribution, la grandeur, l'élévation des corps de logis, mais encore dans les parties différentes dont le tout est composé. Il faut aller en Chine pour voir des portes et des fenêtres de toutes figures : rondes, ovales, carrées ; en forme d'éventails, de fleurs, de vases, d'oiseaux, d'animaux, de poissons, régulières et irrégulières.

« Un empereur doit lui-même bâtir son palais, et il ne peut habiter dans aucun de ceux qu'ont habités ses prédécesseurs. » Il en est de même sans doute pour les princes, fils, frères ou cousins de l'empereur. De là cette multitude de batiments, sans cesse accrue depuis deux siècles, jusqu'aux jours où des peuples civilisés, amis des arts, ont été saccager et piller les merveilles du Versailles chinois[1].

L'art déployé par les Chinois dans la décoration

---

[1] Les détails qui précèdent résument une intéressante monographie de M. Pauthier et une lettre du frère Attiret, attaché comme peintre au service de Khien-Loung. (*Lettres édifiantes*, tome XXXV.)

de la nature n'est sans doute point ignoré des Japonais. Il y a entre les deux peuples des similitudes qui permettent de le supposer. M. le marquis de Moges a vu à Yédo, autour du palais de l'empereur, sur les bords d'un large fossé plein d'eau courante, des talus admirablement soignés, couverts de cèdres qui viennent appuyer leurs branches sur de frais gazons. On dirait un parc anglais.

« Les palais des Daïmios, rapporte M. Georges Bousquet, les résidences des riches marchands, comme le fameux Daï-Rokou, quelques *Tchaya* ou maisons de thé dans les environs des villes sont aussi entourés de parcs, disposés avec un goût exquis. » (*Le Japon de nos jours*, t. II). De magnifiques ombrages environnent les temples et répandent leur harmonie sur les contrastes de cette singulière architecture. Ce qu'il y a de grêle et de colifichet dans les membrures et les détails, ce qu'il y a de massif à la fois et de tourmenté dans la superposition des doubles toitures épaisses et gondolées, se fond et disparaît aux yeux ; le sérieux, la majesté des grands arbres semble se communiquer à l'édifice ; et la nature supplée ce qui manque à l'art. Les bois sacrés, au Japon, constituent les seuls et véritables jardins publics.

« Mais, en revanche, il n'est si misérable bicoque qui n'ait son petit jardin, son *matsu* soigneusement taillé et épluché, son petit bassin d'eau claire où nagent quelques poissons rouges, son *regard* pour l'écoulement souterrain des eaux. » Il est possible que les Hollandais, qui ont été les premiers Européens établis au Japon, aient rapporté de là dans leur patrie le goût de leurs menus parterres et de leurs fantaisies horticoles.

« Le jardin japonais est un lieu de récréation pour le propriétaire, qui vient s'y reposer seul ou s'y distraire avec ses femmes. C'est un boudoir de verdure et de fleurs, peu engageant pour l'étranger qui sans cesse y a besoin d'un guide. On y rencontre, comme dans le jardin anglais, une série d'accidents entassés suivant la fantaisie du maître, et imitant la nature ; mais tout est taillé, émondé, châtié !... Ici, c'est un petit lac que traverse un pont rustique au-dessus duquel un berceau de bambou soutient une glycine aux grappes pendantes ; quelques cygnes s'y promènent gravement. Là, c'est un tertre où l'on arrive par une petite rampe tournante ; plus loin, un *toro* marque le coin d'une allée étroite et sinueuse. Un petit édicule se cache dans les sapins, gardé par deux renards de pierre : un kiosque s'ouvre sur une pièce d'eau ; c'est là qu'on fera apporter une collation et qu'on passera les heures paresseuses d'un beau jour de printemps à regarder danser les *guésha* au son du shamisen. Des dalles irrégulières, posées dans tous les sentiers, permettent de les parcourir même en temps de pluie, sans se mouiller les pieds. Sur une pelouse fraîche et rasée, un épicéa, un camélia, un érable aux tons fauves, un de ces cryptomérias dont le Japon est si riche, quelque arbre d'une essence recherchée et d'une belle venue se dresse à l'écart ; un peu plus loin, des bosquets de pruniers ou de cerisiers promettent à leur heureux possesseur la vue éphémère d'une floraison ravissante au mois d'avril. L'aspect de ces fleurs est si cher aux Japonais, qu'à certaine époque de l'année le peuple se porte en foule, pour les admirer, vers quelques jardins des environs où sont plantés, pour le plaisir des yeux, des parterres entiers de ces arbres, qui ne produisent pas de fruits sous le ciel pluvieux de Yédo. »

Ici point de plates-bandes géométriques. Tantôt le jardinier distribue ses arbustes par petits massifs isolés au milieu des pelouses, ou bien les entasse en forêts naines, tantôt multicolores, tantôt d'une seule nuance vive et tranchée, pour produire quelque contraste aimable. Le talus rapide d'une pièce d'eau sera, d'un seul tenant, sur une longueur de dix et quinze mètres, revêtu, de la base au sommet, d'azaléas rouges, blancs, roux dont l'éblouissante mosaïque semble un riche tapis de haute lisse négligemment jeté, et que la chute de mille corolles demi fanées prolonge au loin sur les eaux paisibles. Ailleurs un groupe d'héliotropes ou de chrysanthèmes, ou une file de grands lis en bataille, accostés, soutenus de glaïeuls et d'iris.

« L'artiste japonais mérite une place à l'écart du Français qui fait de l'architecture végétale, » de l'Anglais qui, de la nature, reproduit tout, jusqu'à l'apparence de son désordre, du Chinois qui s'efforce de la contrecarrer et de la gêner.

« Notre jardinier sait consulter le génie du lieu, s'associer les effets du site environnant; il ne contrarie pas la nature; seulement, chose pire, il la contrefait et la travestit. Ses arbres sont trop bien ébarbés pour être de vrais arbustes; ses fleurs, jetées avec une si aimable négligence, ne sont pas celles que les champs produisent avec ce même désordre; il n'y a jamais eu tant de sinuosités dans une mare de cent mètres carrés. Tout cela étouffe et manque d'air; nous sommes dans une serre au milieu des pots de fleurs : ce n'est plus un jardin, c'est un musée de verdure mal rangé. »

III

Kew. — Parcs de Londres et squares: Kensington; Saint-James; Hyde Park; Regent's-Park. — *Botanic-Garden* de Calcutta; Barrackpour, domaine du gouverneur général de l'Inde. — Pagodes à Siam. — Parcs des rois de Ceylan. — Buitenzorg, à Java. — Bois de la Haye; Bois et jardins de Harlem.

Les merveilles de Stowe étaient en Angleterre de véritables raretés, lorsque Chambers, qui visita la Chine et y connut l'habile dessinateur de jardins Lepqua, rapporta d'Orient le goût d'une fantaisie encore plus bizarre et plus confuse.

« La plupart des jardins anglais, écrit Chambers, diffèrent très peu des champs ordinaires, tant la nature vulgaire y est servilement copiée. On y trouve en général si peu de variété dans les objets, une si grande sécheresse d'imagination dans l'invention, un art si borné dans l'ordonnance, que ces compositions paraissent plutôt l'œuvre du hasard que la production d'un dessein réfléchi. Un étranger n'y voit rien qui l'amuse, rien qui excite sa curiosité; il n'aperçoit aucun objet qui puisse soutenir son attention. A peine est-il entré, qu'on le régale de la vue d'une grande pièce verte, sur laquelle quelques arbres éparpillés semblent se fuir les uns les autres, et dont le pourtour est une bordure confusément chargée de fleurs et de petits arbrisseaux... Prêt à périr d'ennui, il prend le parti de n'en pas voir davantage; vaine résolution! Il n'y a qu'un seul et unique sentier; il sera obligé de s'y traîner jusqu'à la fin ou de retourner sur ses pas par l'ennuyeux chemin qu'il a parcouru. »

Chambers proposa donc à notre imitation l'art chinois; il en transporta les procédés et les surprises dans le parc de Kew, commencé par Kent dans le goût de Stowe. A demi jardin des plantes, ménagerie, ensemble de collections, Kew ne brillait point par ses beautés naturelles. Un art vraiment consommé et une munificence princière ont pu seuls transformer en éden la sécheresse et la platitude d'un sol ingrat, sans eau et sans bois.

Les jardins proprement dits, célèbres par leurs belles fleurs et leurs arbres exotiques, sont bien conçus. Chambers y dessina une orangerie ou *maison verte*, un temple du Soleil (1761), un petit arc de triomphe gracieux entre deux parterres, une magnifique volière, un bassin peuplé de poissons dorés. La ménagerie qui fait suite au par-

Pavillon à Kew.

terre n'est elle-même qu'une grande volière ovale où des cages abritent, sur les bords d'un bassin, une foule de faisans de la Chine et de la Tartarie, avec toutes sortes d'autres grands oiseaux exotiques. Au milieu du bassin, un Ting chinois octogone irrégulier ne paraît pas trop dépaysé (1760).

Mais qu'avons-nous affaire en un jardin d'un temple de Bellone? Chambers, qui le construisit en 1770, en mentionne avec complaisance le style, les dimensions, les détails et la forme; il paraît enchanté d'avoir assujetti un dôme elliptique sur une *cella* rectangulaire.

Passe encore pour un sanctuaire du bon Pan, genre *monoptère*, ordre dorique, imitation du théâtre de Marcellus à Rome (1758). Pan est volontiers admis dans nos parcs; la mythologie a le double mérite de nous être familière et de tenir de près à la nature. Ainsi en est-il d'Éole, à condition qu'il retiendra les aquilons pour ne lâcher que les zéphyrs,

Obstrictis aliis præter Japyga.

Éole aura donc son temple auprès du grand lac, temple composite où le dorique domine. On s'assoira volontiers dans cette grande niche montée sur un pivot, et qui, malgré sa masse, peut être tournée d'une seule main vers toutes les parties du jardin.

Enfin, il est possible d'apprécier, à cause du contraste, un pavillon ou temple de la Solitude, placé à peu de distance du palais. Ce sont là, pour la plupart, des constructions bien entendues et telles que les anciens Romains en établissaient dans leurs villas.

Le reste des édifices s'en va, comme on dit, à la débandade avec des prétentions à la villa cosmopolite, mais sans pouvoir autrement prétendre à une comparaison avec le jardin d'Adrien. L'empereur avait imité dans son domaine, non seulement les édifices, mais, avec eux, les sites mêmes de divers pays. Ici, la Chine, la Grèce et l'Arabie se rencontrent étonnés dans un parc anglais. Ici, la maison chinoise de Confucius, dont les meubles ont été dessinés par Kent, coudoie à la tête du lac le temple d'Éole.

De la maison de Confucius, une avenue couverte et fermée conduit à un bosquet, où Kent a placé un refuge octogone. A droite du bosquet, abritée par des massifs sur un terrain montant, se profile une colonnade corinthienne, œuvre de Chambers en 1760, appelée théâtre d'Augusta. Tout auprès, le temple de la Victoire s'élève sur une colline; il rappelle des succès remportés sur les Français (1759). Chambers en est l'auteur. C'est, dit il, un periptère d'ordre ionique décastyle. Des feuillages, des festons de laurier, des ornements en stuc, des trophées décorent la frise, l'attique et l'intérieur. La *cella* commande une charmante perspective sur Richmond et le Middlesex.

Ne nous éloignons pas du lac avant d'avoir visité le temple d'Aréthuse (1758), une île où mène un pont imité de Palladio, un temple de la Paix qui affecte la forme d'une croix latine, et surtout la galerie des Antiques, charmant péristyle, la perle de Kew (1757), tous ouvrages de Chambers.

Des ruines d'arc de triomphe ont été figurées (1760) sur les pentes qui dominent le temple de la Victoire. La partie supérieure du parc se compose en site sauvage, sur la lisière duquel paraît un bâtiment moresque, communément nommé Alhambra. Le milieu du désert est marqué par une tour, dite Grande-Pagode (1761-62), imitée de la Taa chinoise. Tout auprès et plus haut, s'élève la mosquée (1761), coiffée de trois dômes inégaux, dont le plus grand porte une élégante lanterne à jour de vingt-huit arceaux, et flanquée de minarets. Sur les trois portes qui introduisent dans les trois divisions de l'édifice, on lit des inscriptions tirées du Coran : « Point de contrainte en fait de religion; il n'y a d'autre dieu que Dieu ; ne donnez point une figure à la divinité. » J'ai essayé, dit Chambers, de rassembler là les principaux caractères de l'architecture turque.

Enfin, sur le chemin qui ramène de la mosquée au palais, on trouve un édifice gothique dont la façade rappelle le portail d'une cathédrale.

Ni pagode, ni mosquée, ni cathédrale, on en conviendra, n'ont fait autant pour la gloire de Kew que ses superbes fleurs et ses plantes exotiques, parmi lesquelles figurent des palmiers de plus de vingt-cinq mètres de haut. Une des serres, flanquée de deux ailes, a sa partie centrale surmontée d'une coupole et haute de trente mètres au moins. « En haut de ce palais de cristal circule une galerie d'où l'on peut se faire en petit l'idée des forêts vierges du Brésil. »

Les squares et les parcs qui sont un des grands charmes de Londres doivent être préférés à Stowe et à Kew ; ils donnent moins aux ornements artificiels et laissent plus à la nature : c'est avec raison ; autant le goût anglais est pauvre ou surchargé, autant la végétation de cette terre humide est plantureuse et charmante.

Finsbury, Victoria, Greenwich, Battersea, réductions du bois de Boulogne, et qui renferment de cinquante à cent hectares, réjouissent les yeux par leurs pelouses et leurs eaux. Les jardins de Kensington couvrent aujourd'hui cent hectares ; bien que la main de Kent en ait assoupli les lignes, la plupart des allées sont droites et rappellent Versailles. On admire, devant le palais de cristal, une vaste pelouse qui rassemble dans une grande pièce d'eau circulaire des oiseaux de toutes les parties du monde. Des arbres magnifiques ombragent la grande avenue transversale. Au bord de la Serpentine, les fleurs sont disposées en agréables parterres.

Le parc de Saint-James a souvent changé d'aspect depuis le règne de Jacques Ier (1608). D'abord plantation de mûriers et magnanerie, jardin classique sous Charles II, il a perdu, de 1827 à 1829, son air de famille avec les jardins français. Le canal rectiligne, long de huit cent quarante mètres sur cinquante, vit ses rives échapper à l'équerre de Le Nôtre, et se métamorphosa en étang semé d'îles boisées. Les pièces d'eau où Charles II nourrissait ses canards favoris, dont il avait nommé gardien le bel esprit Saint-Évremond, ont reconquis aussi leur liberté champêtre. « En 1846, on y comptait déjà plus de trois cents oiseaux de cinquante et une variétés. » On peut citer parmi les plus beaux restes de l'ancien parc la grande avenue qui longe la terrasse égyptienne de Carlton-Palace, et surtout l'énorme escalier, « digne de Babylone, qui se trouve au pied de la colonne du duc d'York ».

Green-Park et Hyde-Park, « deux paysages » qui se touchent et se continuent, établissent une communication non interrompue de pelouses et d'allées entre Whitehall et Kensington, sur une longueur de quatre kilomètres en droite ligne. Ils occupent près de deux cents hectares. Green-Park est gâté par un mauvais arc de triomphe que surmonte une statue équestre de Wellington. Dans la partie méridionale s'étend une longue pièce d'eau (dix-sept hectares environ), une *Serpentine-river* qui date de 1730 : « Assez étroite à son origine, elle se recourbe vers l'est, passe sous un élégant pont de briques, après lequel elle pénètre dans Hyde-Park en s'élargissant toujours. Au delà des casernes de Knightsbridge, elle se termine brusquement et laisse échapper le trop-plein de ses eaux par une petite cascade bondissant sur des rochers artificiels ombragés de grands arbres. » Elle est bordée de massifs de rhododendrons. Les cerfs et les daims ont leur enclos réservé, où on les voit folâtrer. Les voitures et les chevaux de la *fashion*, qui paradent au bord des eaux, parmi les boulingrins, ne peuvent enlever à Hyde-Park son air champêtre et naturel. On regrette seulement d'y voir un ridicule Wellington-Achille, qui jure avec les imitations du Parthénon appliquées à la porte d'Aspley-House.

Regent's-Park n'est qu'un morceau du parc de Marylebone, mais un morceau de cent soixante-trois hectares. Sa disposition dernière date de 1812, ainsi que York, Cumberland et Gornwal-*terraces*. De Primerose-Hill, tertre vert qui domine le parc au nord, on suit des yeux les ombrages d'une grande avenue de deux milles environ ; on aperçoit, au milieu de l'allée circulaire, les serres considérables, les riants parterres du Jardin botanique, et une pièce d'eau en Y, qui s'arrondit vers l'ouest en méandres élégants. A Regent's-Park est contigu le *Zoological-Garden,* qui, sans égaler en beauté notre Jardin des Plantes, le surpasse de beaucoup en richesses spéciales.

De Regent's-Park à Calcutta, la distance pour nous n'est point grande ; nous ne sortons point de l'empire britannique; Calcutta est un Londres indien. Tout ce que nous admirions tout à l'heure dans les serres et le jardin d'hiver du Jardin botanique, nous allons le retrouver à l'air libre sur les rives de l'Hoogly. Le *Botanic-Garden* de Calcutta déversait, il y a quelques années, sur le globe plus de cinquante mille sujets ; en 1858, il avait perdu de sa beauté ; mais bien qu'on y cherchât en vain « l'ordre, la distribution et l'harmonie des lignes qui en faisaient le charme, et cette allée sans pareille de *cycas* des moluques, dont les troncs étranges, les hautes ramures entre-croisées et les folioles légères rappelaient les piliers, les voûtes, les nervures et les ombres mystérieuses d'un monument gothique, » on y voyait encore « les belles fleurs de l'Amérique du Sud, suspendues en guirlandes fleuries aux plantains gigantesques des îles de la Sonde et aux rameaux du *Rima* de Taïti ; » à l'abri des palissades de cactus et d'euphorbes, « le délicat muscadier, au feuillage de myrte, mêlait constamment à sa verdure lustrée l'éclat de ses fruits d'or et les teintes délicates de ses fleurs tendres comme celles du pêcher. »

« A force d'argent et de bras, le niveau parfait des plaines où coule le Gange a été assez tourmenté à Barrackpour pour animer le parc du gouverneur général par quelques mouvements de terrain. On y a fait avec goût des montagnes et des vallées, afin d'être obligé d'y bâtir quelques ponts d'un effet agréable; rien de tout cela n'est heurté ni mesquin, et tous les accidents du sol semblent dus à la seule nature. Sur un gazon toujours vert, se dressent, tantôt en massifs serrés et tantôt en clairières, et çà et là en tiges isolées, des manguiers, des pipeuls, des lauriers d'Inde, des banians, des tamarins, des mimosas, des casuarinas, des cocotiers, des dattiers, des borassus, et d'admirables gerbes de bambous. Le tour des massifs les plus imposants, ou le pied des plus grands arbres, est garni d'une bordure d'arbrisseaux à fleur: lauriers-roses, apocynées superbes ou jasmins aux larges pétales qui embaument au loin les parcours des sentiers. Ailleurs ce sont des roses de l'espèce qui s'est répandue si abondamment de ce pays en Europe; des pêchers, dont le fruit est amer, mais succulent et parfumé; puis des orangers, des citronniers, des grenadiers de la taille de nos futaies, mais qui ne servent là que d'ornement. »

(DE LANOYE.)

Barrackpour n'a point les hôtes sauvages du parc de Delhi, où l'on trouve des chacals, des loups et des hyènes. Des lièvres, des faisans, des paons, des perdrix et des perroquets composent sa population animale.

A cette richesse naturelle et simple de Barrackpour, Siam oppose le contraste de ses jardins parés, dorés, habités par des foules de courtisans ou de talapoins. Faute d'avoir pu pénétrer dans le parc splendide qui environnait le harem du feu roi Pra-Somdetch-Mongkut, Henri Mouhot, le regretté voyageur, emprunte à l'évêque Pallegoix la description d'une pagode royale à Bangcock.

« Une pagode royale est un grand monastère où logent quatre ou cinq cents talapoins avec un millier d'enfants pour les servir. C'est un vaste terrain, ou plutôt un grand jardin, au milieu duquel s'élèvent quantité de beaux édifices, à savoir : une vingtaine de belvédères à la chinoise, plusieurs grandes salles rangées sur les bords du fleuve, une grande salle de prédication, deux temples magnifiques, dont l'un pour l'idole de Bouddha, l'autre pour les prières des bonzes ; deux ou trois cents jolies petites maisons, partie en briques, partie en planches, qui sont la demeure des talapoins ; des étangs, des jardins ; une douzaine de pyramides dorées et revêtues de porcelaine, dont quelques-unes ont de deux à trois cents pieds de haut ; un clocher, des mâts de pavillon, surmontés de cygnes dorés, avec un étendard découpé en forme de crocodile ; des lions ou des statues de granit et de marbre apportés de Chine, et aux deux extrémités du terrain, des canaux revêtus de maçonnerie, des hangars pour les barques, un bûcher pour brûler les morts, des ponts, des murs d'enceinte, etc. Ajoutez à cela que dans les temples, tout est resplendissant de peintures et de dorures ; l'idole colossale y apparaît comme une masse d'or ornée de mille pierreries. »

Mais revenons à une nature moins tourmentée par l'ingéniosité des hommes.

« Le jardin des rois Çinghalais existe encore à l'extrémité N. E. de Candy. Au centre d'un vallon revêtu du gazon le plus vert et le plus velouté, et qu'ombragent çà et là des massifs de rocous et de magnolias, s'élève le plus beau vestige des constructions royales ; c'est un pavillon de marbre blanc, entouré d'une colonnade régulière du meilleur style. De ce point, on domine toute la ville. Les plantations de ce parc sont entretenues soigneusement et sa vaste superficie présente à chaque pas de délicieux paysages de montagnes. »

Sauf la beauté historique et pittoresque des jardins de Ceylan, on peut leur comparer, à Java, l'habitation de plaisance du gouverneur général. Devant le palais de Buitenzorg, s'étend une superbe prairie avec des étangs et de gros et forts arbres, des banians aux ombrages touffus. A l'entour se plaisent des troupeaux de cerfs et de biches. Un jardin botanique admirablement entendu, « l'un des plus beaux du monde et qui devrait servir de modèle à nos jardins des plantes, » rassemble et classe une foule d'espèces et d'essences d'arbres et de fleurs. Chaque groupe a son parterre, son bosquet, sa prairie; et partout, au travers de la verdure, sur les bords des ruisseaux et des étangs, se croisent de jolis sentiers et de belles routes.

Comme nous avons passé d'Angleterre au Bengale, nous sauterons sans scrupule de Java dans sa métropole, de Batavia en Hollande, à la Haye et à Harlem.

Tous les voyageurs sont d'accord sur les beautés du bois de la Haye.

« Figurez-vous des arbres énormes, hêtres et frênes pour la plupart, dont le pied baigne presque toujours dans l'eau, et qui étalent leurs masses de feuillage d'un vert vigoureux sur des étangs, des lacs, des rivières dont la surface tranquille berce leurs sombres reflets; les lentilles d'eau, les conferves, les nénufars, toute la froide famille des plantes marécageuses, remplissent les rigoles pratiquées le long des chemins; une fraîche humidité imprègne l'air, même au temps des plus vives chaleurs, et donne à la végétation une activité extraordinaire. » (Théophile Gautier.) Partout « de larges allées de sable dont on ne voit pas la fin et que traversent çà et là des cerfs et des daims en liberté ; des ponts rustiques, des cygnes dans l'eau, des fauvettes et des rossignols sur les branches ; tout cela conservé, entretenu avec un soin qui laisse à la nature tous ses avantages et cache partout la main de l'homme : figurez-vous cette délicieuse oasis au bord de la mer, au milieu de prairies et d'eau, dans un pays où les arbres sont une rareté, » et vous direz avec M. Maxime du Camp : « C'est le plus beau parc qui se puisse voir en Europe et je ne lui connais rien de comparable ; notre bois de Boulogne, tapageur et parvenu, ne saurait un seul instant supporter la comparaison. »

Le bois de Harlem est une agréable réduction de celui de la Haye ; mais il le cède en beauté à la banlieue même de la ville, qui, sur une étendue de huit milles, n'est qu'un assemblage de jardins admirablement cultivés. (Des tulipes s'y sont négociées jusqu'à vingt-six mille francs et plus.)

Rien ne saurait exprimer le soin que les Hollandais apportent à l'entretien de leur habitation. Leurs jardins, plus curieux par leur bizarrerie que par leur étendue, ont conservé leur allure moyen âge, en y adjoignant les mièvreries du genre anglais : ce sont tous des petits *Buen-retiros*.

« Sur de petits canaux, de petits ponts rustiques

et japonais ont jeté leurs petites arches ; de petits obélisques s'élèvent à côté de petits pavillons chinois, de petites chapelles gothiques, de petits temples corinthiens. Sur les bassins nagent des cygnes et des canards en zinc; dans une chaumière, des automates, grandeur naturelle, d'hommes et de femmes mis en mouvement par une criarde mécanique, filent, tissent, etc. Sous des bosquets taillés en losanges, en triangles, apparaissent les dieux de l'Olympe, tout englués de badigeon. » (MAXIME DU CAMP.) Il y a dans les coins des bergers et des bergères en plâtre colorié, des rochers factices en coquillages surmontés de belvédères à clochettes, des magots de porcelaine, et de beaux vases orientaux aux teintes éclatantes : autour de tout cela, un réseau de sentiers peints en sable rouge et noir.

> Le Batave à son tour, par un art courageux,
> Sut changer en jardins son sol marécageux ;
> Mais dans le choix des fleurs une recherche vaine,
> Des bocages couvrant une insipide plaine,
> Sont leur seule parure ; et notre œil attristé
> Y regrette des monts la sauvage âpreté :
> Mais ces riches canaux et leur rive féconde,
> De ses moulins dans l'air, de ses barques sur l'onde,
> Des troupeaux dans ses prés les mobiles lointains.
> Ses fermes, ses hameaux, voilà ses vrais jardins.
> DELILLE.

Voilà des vers aussi artificiels que les anciens jardins hollandais; cependant on découvre sous cette phraséologie vague une judicieuse appréciation de ce qui manque à la Hollande pour atteindre à la grandeur des parcs français ou à la variété des parcs anglais, et des ressources que ses eaux, ses prés et ses troupeaux offrent à la peinture de paysage.

A Java.

CHAPITRE HUITIÈME

JARDINS PAYSAGERS EN ALLEMAGNE ET EN FRANCE

Chalet du bois de Boulogne.

I

Berlin, Potsdam, Sans-Souci. — Schœnbrunn, *Hofgarten* de Vienne, Laxenbourg, Lundenbourg. — Munich, Nymphenbourg. — Wœrlitz. — Wilhelmshœhe. — Russie: Tzarskoë-Sélo.

L'Allemagne fourmille de jardins *symétriques-pittoresques*. C'est un grand tableau composé de deux plans et de deux couleurs, mis bout à bout, quoique de genres tout à fait différents. Une partie, faisant façade avec un château ou un palais, se développe majestueusement en jardin symétrique; les parties cachées sur les côtés sont plantées en jardins paysagers ou pittoresques.

Le promoteur de cette très raisonnable combinaison est Sckell. De Hake à Hanovre, Weyhe à Dusseldorf, Lenné à Berlin, Sieback à Leipzig, marchèrent sur ses traces et firent école. Leurs ouvrages inspirèrent, en France, Thion, Hardy, Viart et Lalos ; en Angleterre, Nash et Paxton. A ces modèles se rattachent nos modernes bois de Boulogne et de Vincennes.

Un grand nombre de ces parcs sont beaux ; quelques-uns satisfont pleinement le goût et concilient dans un accord plein de charmes la libre nature et .'art, l'unité réclamée par le voisinage d'un château et la variété capricieuse qui sied à la végétation ; mais, nés du mélange de deux systèmes, ils ne peuvent prétendre à l'originalité. Le lecteur les connaît d'avance ; il n'a qu'à réunir bout à bout Versailles et Stowe pour constituer l'idéal allemand. Les longues descriptions seraient donc ici superflues.

Berlin a ses jardins zoologiques et botaniques, riches de dix-huit serres fameuses, son *Tiergarten* (hors les murs), son Charlottenbourg, arrosé par la Sprée; Potsdam, son Lustgarten, contemporain du grand Frédéric, ses grands parcs modernes du Babelsberg (1835-48), de l'île des Paons, de Glienicke, munis des fabriques et des ruines de rigueur. Nous nous arrêterons un peu, avec M. Joanne, à Sans-Souci, domaine sans cesse agrandi et qui contient, comme Versailles, deux ou trois châ-

Sans-Souci.

teaux et plus encore de jardins, français, anglais ou italiens.

L'entrée principale du parc est marquée par un obélisque de trente et un mètres; la grande avenue conduit à un beau bassin de marbre d'où s'élance le grand jet d'eau, plus haut que l'obélisque. Des piédestaux et de très grandes colonnes isolées portent des statues de Pigalle et de Thorwaldsen. Au nord, on entrevoit une autre entrée que signalent deux sphinx colossaux en carrare, par Ebenbrecht. Au sud, six terrasses montent au plateau sur lequel est bâti le château de Sans-Souci. Ces terrasses, transformées en serres chaudes, sont ornées, pendant l'été, d'orangers et de lauriers-roses.

Le moulin historique, celui dont l'histoire a si bien inspiré Andrieux, existe encore, restauré par un roi qui l'acheta du meunier en faillite pour le donner en fief aux héritiers. D'autres moulins à vent, sur le Mühlenberg, lui font pendant. Ici est Ruinenberg, ruine factice destinée à masquer un réservoir; là, le *Mausoleum*, pastiche romain, la tour chinoise, le temple de l'Amitié.

Le Nouveau-Palais (1763-69) est entouré de plusieurs dépendances : d'une faisanderie, derrière laquelle s'étend l'immense *Wild-Park* royal, tout un pays giboyeux et riant; un bain romain avec une maison japonaise et une mosquée; une villa italienne nommée Charlottenhof, et qui date de 1826. Des bustes sur des colonnes, des profils royaux sur porcelaine, au milieu d'arabesques, des statues de Thorwoldsen, Canova, Kiss, Rauch, les têtes de Gœthe, Schiller, Wieland et Herder sur des hermès en carrare, une foule de jets d'eau, décorent les parterres, la terrasse et la véranda de Charlottenhof; on a réuni là l'une des plus riches collections de roses qui se soient vues jusqu'à ce jour.

Au Nouveau-Palais appartiennent encore des jardins anglais, dessinés en 1786-94, fort bien approvisionnés de points de vue et d'édifices de tous les styles et de tous les marbres.

Le Versailles autrichien, Schœnbrunn, commencé vers 1700, se rapproche surtout du style de Le Nôtre. Le public peut s'y rassasier de statues et de fabriques élevées dans le cours du dix-huitième siècle : orangerie, ménagerie, *Kaiserhaus*, jardin botanique (1753), monument de Marie-Thérèse, grotte de la Sibylle, obélisque (1777). Nous avons mentionné l'immense berceau de treillis que regrettait Marie-Louise. La plus belle décoration de Schœnbrunn est un portique ouvert (1775) dont les arcades couronnent un amphithéâtre de verdure au-dessus du bassin qui termine le grand parterre.

A Vienne même, on trouve les belles serres de Hofgarten, et les allées peu fréquentées de l'Ausgarten, jardin de Joseph II. Le Prater aussi est une jolie promenade, comparable à nos Champs-Élysées, aux Alamédas espagnoles et aux *Cascine* florentines. « On ne voit nulle part, dit madame de Staël, si près d'une capitale, une promenade qui puisse faire jouir ainsi des beautés d'une nature tout à la fois agreste et soignée. Une forêt majestueuse se prolonge jusqu'aux bords du Danube. L'on voit de loin les troupeaux de cerfs traverser la prairie. »

L'Autriche nous garde encore les merveilles de Laxenbourg, très vaste parc, très riche en cascades, en temples, pavillons, monuments, lacs, îles, ponts et musées; et surtout celles de Lundenbourg, quinze cents aloès, neuf cents orangers, un choix admirable des plus beaux arbres de tous les pays, une forêt de trois milles de long avec arc de triomphe au rond-point, enfin les eaux naturelles et abondantes de la Thuya qui alimente les lacs, les bains, abreuve et fortifie les végétaux, et vaut à Lundenbourg le renom du plus beau parc de l'Allemagne. Les décorateurs de ce paysage charmant n'ont pas évité le mauvais goût de Kew et de Trianon; on y trouve tout un musée disparate en plein air, où la mosquée élève, à côté de la cabane des pêcheurs et de la rotonde chinoise, son minaret haut de trois cent deux marches qui a dévoré un million de florins; puis c'est un *burg* du moyen âge, un temple des Grâces, une *meierie* ou métairie.

Dresde voudrait nous retenir sur sa terrasse de

Brühl, dans son jardin japonais, ou du moins sous les ombrages de *Grosse-Garten* qui ne le cèdent en rien à beaucoup d'autres. Mais l'Allemagne est grande; et nous voulons jeter un coup d'œil sur Munich et Nymphenbourg.

Nous retrouvons comme toujours le Nôtre et Kent, séparés à Munich même, réunis et fondus à Nymphenbourg.

Hofgarten présente un grand carré planté de marronniers et de tilleuls et à demi entouré d'arcades où le roi Louis a fait peindre des scènes historiques et des paysages. C'est le débris du parc planté en 1614 par Maximilien; la mode l'a détruit peu à peu; de ses cent vingt-huit fontaines, il n'en reste plus que quatre. Le jardin anglais est en longueur, abondamment arrosé par des bras de l'Isar. Nymphenbourg étend ses ombrages sur des prairies que traverse la Wurm, au-dessous d'un château classique (1663) avec plate-forme, bassin, jet d'eau et canal. On visite dans le parc, au milieu des canaux et des lacs, les grandes serres de Maximilien Ier, la chapelle de la Madeleine et l'Ermitage (1728), le château des Pagodes (1719), d'Amélie, les Bains, la Cascade de marbre, la fontaine de Pan, la Ménagerie. Il y a encore, à Nymphenbourg, un pensionnat de demoiselles nobles, une fabrique de porcelaines et un enclos pour les cerfs.

Bayreuth, Leipzig, Dessau, Dusseldorf, Hambourg vantent à bon droit leurs parcs et leurs jardins botaniques. On admire à Biberich des châtaigniers gigantesques, des serres, des pavillons fleuris; à Schœnau et à Tœplitz, des saules pleureurs tels qu'il n'en existe pas ailleurs. On en mesure dont la circonférence dépasse six mètres. Le tilleul, cet arbre national de la race slave, atteint, sur cette terre privilégiée, la même grosseur.

Les jardins de Wœrlitz (Anhalt-Dessau) sont renommés en Allemagne. Nombreux sont les canaux qui en alimentent le grand lac; plus nombreux encore sont les temples, les ponts, les rochers, les ermitages, etc., que l'art y a accumulés avec un goût contestable. On erre de surprise en surprise. Là c'est un labyrinthe, ici une ruine, plus loin une grotte. Le jardin Neumark occupe trois îles. La principale curiosité se trouve dans le jardin de Schoch. C'est une maison gothique pleine de tableaux précieux.

Le parc de Wilhelmshœhe, à Cassel, est plus fameux encore. Dessiné en 1701, il a gardé beaucoup de son aspect français, et se détache véritablement de tout ce que nous venons de parcourir à vol d'oiseau. S'il y a des monuments chinois, des ermitages, des châteaux féodaux et autres colifichets, ils se dissimulent prudemment derrière des bosquets et ne viennent point se faire écraser par la grandeur de certaines fabriques colossales. Telle cascade classique a dix-sept mètres de large, c'est un fleuve; tel temple, celui de Mercure, domine un escalier de huit cents marches. La grosse pièce est le château des Géants (*Riesenschloss*), dont la plate-forme, soutenue par cent quatre-vingt-douze colonnes toscanes, porte une pyramide de trente-deux mètres, que couronne un Hercule en cuivre forgé, de trente et un pieds. De cette construction monstrueuse, descendent par bonds, par nappes, des cascades longues, de trois cents mètres, qui se reposent tous les cinquante mètres en de vastes bassins. En avant, s'élance un jet d'eau presque aussi haut que les tours Notre-Dame (65 mètres), et le plus grand qui existe en Europe.

La Russie peut réclamer une place à la suite de l'Allemagne et de la France pour ses jardins de style mixte; il faut en citer au moins un.

La résidence impériale de Tzarskoë-Sélo (le bourg du Tzar) est situé à vingt-deux verstes environ de Saint-Pétersbourg, sur une éminence peu élevée qui domine la vaste plaine d'alluvion formée par la Néva. Catherine II en avait fait son séjour de prédilection. Le palais, œuvre de Forster, est une des plus belles productions d'une époque où la solennelle architecture de Louis XIV avait fait place à un art moins sévère et moins monotone. Malgré le goût contestable du genre rocaille, on ne peut refuser au dix-huitième siècle une entente jusque-là inconnue des agréments que comportent les habitations de plaisance. Tzarskoë-Sélo est à la fois vaste et charmant. On regrette que Nicolas Ier ait converti en bronze tous les ornements dorés qui brillaient sur cette fastueuse demeure. Peut-être l'aspect général du monument avait-il plus d'originalité, alors que, sous le ciel doux du Nord, il attirait de loin les regards sur les murs blancs constellés de paillettes d'or et que surmontait un toit peint en vert clair et de ton brillant.

« Le parc, couvert de beaux ombrages, entouré de vertes prairies, de bois d'essences variées, arrosé par de nombreux canaux serpentant en rivières ou s'élargissant en lacs, est planté sur un terrain un peu accidenté qui contraste avec la vue des plaines unies des environs de Saint-Pétersbourg. Ses allées sinueuses, entretenues incessamment avec une minutieuse propreté, ménagent à chaque pas une surprise au promeneur. Là, c'est une colonne monumentale ; ici, les ruines d'une église gothique ; plus loin, un théâtre ; au détour d'une allée, on rencontre un obélisque au pied duquel sont enterrés quelques-uns des chiens favoris de la Sémiramis du Nord, et sur la pierre funéraire de l'un d'eux, on peut lire les vers agréables que M. de Ségur a consacrés à sa mémoire. »

Ailleurs, au fond d'une vallée, un vaste lac sert de naumachie aux jeunes princes et berce une flottille en miniature ; et tout au bord, un bain turc moderne, dont le mobilier a été rapporté d'Andrinople, mire dans l'eau sereine ses arcades élégantes. De là on peut voir au-dessus du parc verdoyant la masse vraiment noble du palais, et comme contraste, au bas d'une longue allée de sycomores et de sapins, près du rivage, un de ces kiosques mignons, à jour, avec dôme fleuronné, colonnes, niches et frontons interrompus, un des plus jolis qu'on puisse voir dans un parc anglais.

Le parc et les jardins de Tzarskoë-Sélo se joignent sans interruption avec ceux de Pavloskij, résidence du grand duc Constantin. Là, le terrain est encore plus accidenté, la végétation peut-être plus puissante, les eaux sont plus abondantes, et lorsque, entraîné dans un léger droschky, on parcourt ces deux fraîches oasis par un beau jour d'été, il est impossible de se figurer que l'on touche à la limite du soixantième degré de latitude.

II

Énumération. Morfontaine, Ermenonville et Guiscard, types des jardins paysagers en France. — Le petit Trianon. — La villa Pallavicini. — Boulogne et Vincennes.

On ne peut nier que l'amour de la libre nature, si oubliée aux temps pompeux de Louis XIV, si admirée aujourd'hui, n'ait commencé à reparaître en France vers la seconde moitié du dix-huitième siècle, avec Watteau lui-même et surtout avec Rousseau. C'était une réaction naturelle. Las des terrasses et des quinconces et des bassins réguliers, l'œil redemandait « la ligne des coteaux qui fait rêver, » le vieil orme

> Qui regarde à ses pieds toute la plaine vivre,
> Comme un sage qui rêve attentif à son livre,

et sur les rives des lacs ou des ruisseaux,

> Quelque saule noueux tordu comme un athlète.

Mais il est plus difficile encore d'imiter la nature que de l'arranger. Chez nous comme chez les Anglais, le goût nouveau ne produisit d'abord que des labyrinthes assez ridicules où les Parthénons coudoyaient les chinoiseries. La nature, cette grande indifférente, se vit conviée à la glorification de la morale et de ce qu'on appelait alors « les sentiments. » Il y eut des parcs chinois où à peine pouvait-on tenir deux dans une allée ; des parcs philosophiques, romantiques, funéraires, vertueux, pleins d'ostentations mélancoliques et d'affections dévotieuses. M. de Beaurepaire, seigneur bressan, avait figuré, dans son *désert*, tous les pères de la Thébaïde, en bois, en plâtre ou en osier. Il n'y avait pas de jardin de plaisance sans tombeau ; à défaut de mort célèbre, on empruntait à la famille un mort obscur ; on raffolait d'un suicidé ; un chien même était matière à monument. La promenade devenait un vrai travail, si l'on voulait se conformer aux exigences morales des sites. Le plus souvent, on se disputait au temple de l'Amitié. On n'avait pas le temps d'arriver à l'antre du Sommeil, et l'on dormait au temple de l'Étude ; on profanait par des cartes et des dés le bosquet de la Simplicité, et la vallée des Tombeaux par des rires mondains. C'était le temps où Buffon écrivait « sur les genoux de la nature ».

Morel et avec lui une légion de dessinateurs,

émules des Kent et des Whately, se mirent à transformer nos parcs, ou à en composer de nouveaux ; d'illustres amateurs, MM. de Morfontaine et de Girardin, marchèrent sur leurs traces, et nous n'eûmes rien à envier à nos voisins.

Dampierre, sur sa haute colline, avec ses vastes pelouses et ses perspectives sévères; Monceaux, dont les restes nous charment encore; Betz, Prulay, Bel-Œil; Crillon, qui allonge deux îles parallèles sur sa délicieuse rivière; Maupertuis, fameux par le tombeau de Coligny et des imitations de Claude Lorrain ; Grosbois, les délices de l'empire (1700 arpents); « l'aimable Tivoli; » le Raincy, le premier en date des parcs anglais en France, à qui l'on ne peut reprocher qu'un hameau d'opéra-comique « pour les réceptions » et un mauvais colombier gothique; Tracy,. au château insulaire; Brunehaut, *erudito-sentimental*; l'ermitage du Mont-D'or, une de ces fantaisies cénobitiques plus haut condamnées, aussi charmant par sa situation que ridicule par ses fabriques; Méréville, où le tombeau de Cook, par Pajou, et des colonnes rostrales en l'honneur des naufragés s'étonnent de voir tourner un joli moulin près d'une laiterie de marbre, entre les jardins d'Armide et d'Alcinoüs; et ce riche désert de Monville (près Saint-Germain), verdoyante curiosité, où tout n'est que ruine apparente, où un tronçon de colonne dorique d'énorme proportion (22 brasses de tour) recèle tout un château éclairé par des lézardes qui s'ouvrent dans ses cannelures : tous ces parcs anglo-français mériteraient sans doute une description. Mais quatre ou cinq nous suffiront, par exemple Morfortaine, Guiscard, Ermenonville et Trianon.

Le domaine de Morfontaine (1770) est divisé en grand et petit parcs. L'ensemble en est compliqué et magnifique. Pour jouir de l'un des plus beaux points de vue intérieurs, il faut s'élever, vers la gauche, sur les pentes d'un coteau gazonné d'où l'on embrasse un vert horizon de prairies semées de pièces d'eau et de massifs élégants. Au centre de la perspective est situé le pittoresque pavillon Vallière, et, tout au fond, dans le lointain, la Butte aux Gendarmes, plateau sablonneux, domine et fait valoir les frais et vigoureux ombrages.

Le lac Colbert, le lac de Vallière communiquent avec la rivière et le grand lac de l'Épine ; des pavillons de chasse et de pêche avoisinent ces eaux poissonneuses. Un îlot du grand lac recèle, sous les beaux arbres dont il est couvert, une jolie petite anse abritée qu'on nomme les Bains de Diane. Souvent sur un rocher à fleur d'eau, en avant de l'île, on aperçoit un héron immobile, guettant le poisson. Plus près du rivage du lac, se dresse une autre île escarpée, dont les rochers de grès sont mêlés à une futaie de pins : c'est l'île Malton ou Morton ; de là, la vue s'étend au loin sur les environs de Senlis et de Chantilly. Le Bois Defay couronne, à quelque distance, une colline accidentée où s'élève, au milieu des pins, la tour Dubosq. Un peu plus loin, le grand rocher de Delille avec l'inscription connue :

<blockquote>Sa masse indestructible a fatigué le temps.</blockquote>

On peut visiter encore un beau pont rustique double sur la rivière et sur la vallée, un temple entouré d'un paysage à la Poussin, une glacière surmontée d'un pavillon, une volière de fer encastrée dans un portique grec, et le tombeau en marbre noir, sans statue, devant lequel était planté le plus grand pin du nord connu. Le parc abonde en endroits solitaires ombragés de thuyas et de mélèzes et décorés d'un autel champêtre.

Le château est assez maladroitement construit en face d'une grande route, comme pour se faire valoir aux dépens des chaumières voisines ; ce sot amour-propre lui a fait perdre tout l'agrément qu'il pouvait tirer d'une position mieux entendue.

Ermenonville, à 12 kilomètres de Senlis et 36 environ de Paris, sur un petit affluent de la Nonette, semble avoir été de bonne heure le centre d'un riche domaine ; c'est ce qu'indique son nom : ferme ou résidence d'Ermangon. La famille de ce premier maître, petit seigneur féodal, dut-elle s'y maintenir longtemps ? C'est ce qui importe peu.

D'ailleurs aucun débris du moyen âge ne peut nous éclairer sur cette obscure question, qui entraînerait sans doute à plus de recherches qu'elle n'en mérite. Un château, dont il ne reste pas de traces aujourd'hui, fut le séjour momentané de Gabrielle d'Estrées. En 1603, Henri IV le donna à son ami et serviteur de Vic, gouverneur de Calais, pour sa vaillance à la journée d'Ivry. Lorsque Rousseau consentit à s'y fixer, quelques mois avant sa mort, 20 mai 1778, Ermenonville appartenait à la famille de Girardin ou Gérardin ; c'est l'hôte de Rousseau, le marquis de Girardin, qui, aidé du fameux Morel et mettant à profit les formes heureuses du terrain, dessina le parc à la manière anglaise, ou plutôt selon les principes qu'il a donnés lui-même dans son traité *De la composition des paysages*. Les contemporains furent séduits par la riante *Arcadie, le Désert, le Bocage*, par le contraste entre de riches prairies boisées et des rochers sauvages semés par la nature au milieu de terres sablonneuses ; ici l'île des peupliers, la plus grande d'un petit archipel ; là des genêts, des genévriers, de hauts sapins, des cèdres ; cascades naturelles ; pièces d'eau irrégulières ; fabriques heureusement disséminées dans la verdure, et parées selon la mode du temps, de quatrains, de huitains, en l'honneur de Gabrielle ou des de Vic ; un *Ermitage*, une *Salle de danse*, la chaumière du charbonnier, un autel dédié à la Rêverie, une pyramide à la gloire de Théocrite, Virgile, Gessner, et Saint-Lambert; enfin le temple de la Philosophie, commencé sous l'invocation de Rousseau, Montesquieu, Penn, Voltaire, Descartes, Newton, et légué aux sages futurs. M. de Girardin avait partout discrètement marié l'art à la nature, sans jamais étouffer celle-ci; au contraire, il avait fait graver quelque part cette sentence de Montaigne : « Ce n'est pas raison que l'art gagne le point d'honneur sur notre grande et puissante mère nature. » Montaigne était, avec Jean-Jacques, le philosophe aimé de M. de Girardin, et dans le temple on lisait cette dédicace : « A Michel Montaigne, qui a tout dit. »

« Les promenades dans ce beau lieu, lit-on dans une notice écrite peu après la mort de Rousseau, ne sont pas moins agréables à l'oreille qu'aux yeux. M. de Girardin a des musiciens qui concertent, tantôt dans les bois, tantôt sur le bord des eaux ou sur les eaux mêmes, et qui se rassemblent, lorsque la nuit est venue, pour exécuter la meilleure musique dans une pièce voisine du salon, où la compagnie converse sans en être incommodée. La franchise et la liberté, la simplicité dans les manières comme dans les habillements, se trouvent là plus que partout ailleurs. Madame de Girardin et ses filles, vêtues en amazones d'étoffe brune, ont un chapeau noir pour coiffure. Les garçons ont l'habillement le plus simple, etc. »

Le parc, qui a été conservé dans ses parties les plus importantes, confine au village, qu'on ne voit pas cependant, et entoure de trois côtés le château. L'habitation est très simple ; elle paraît remonter au commencement du règne de Louis XV. Bâtie en pierres de taille, elle est cantonnée de deux tours façon Reine-Blanche, tours crépies en plâtre et plus recemment ajoutées, pour la plus grande gloire du pittoresque.

La vallée en face du château, du côté du nord, n'était, dit Morel, il y a quelques années (1776), qu'un marais impraticable ; son sol tourbeux retenait les eaux de mille sources qui l'abreuvaient ; quatre ou cinq canaux fangeux n'avaient pu le dessécher ; des vapeurs blanchâtres le couvraient matin et soir. Des allées symétriques bornaient la vue de tout côté ; en s'opposant à la libre circulation de l'air, ces plantations contribuaient à l'insalubrité du parc, tandis qu'en cachant le jeu des pentes, elles interceptaient la marche du terrain et faisaient d'une vallée agréable une plaine froide et sans accidents. De droite et de gauche, des coteaux et des vallons charmants étaient ignorés ou négligés ; et une belle forêt, tout près de la maison, en était si bien séparée qu'elle ne procurait ni embellissement pour le site, ni jouissance pour la promenade. Un parterre humide, de profonds canaux d'eaux impures et verdâtres, des charmilles en labyrinthe sur chaque flanc, faisaient l'insipide décoration d'un jardin où l'on n'osait demeurer, à cause de sa fraîcheur malsaine. Du côté du midi, une rue sale, encaissée, formant la communication entre le château et les deux parties du village, longeait les murs d'un potager aquatique, terminé par une haute chaussée en pierres qui contenait un étang et bornait la vue de ses deux rangs de tilleuls. Enfin, ajoute Morel, tout était désuni, incohérent, sans caractère, sans expression ; partout le mouvement du terrain avait été maladroitement dénaturé.

Il a suffi de quelques arbres abattus, de quelques judicieuses coupures pour découvrir au nord un site délicieux, terminé par une montagne à deux lieues de distance, qui est surmontée d'un village et d'une belle ruine, la tour de Mont-Epiloy ; au midi, la rivière, qui prend sa source de ce côté, arrose et traverse une pelouse, sur l'emplacement même où moisissait le potager, encadrée par une forêt à l'ouest, bornée à l'orient par le cours capricieux de l'eau qui, serpentant au pied du château, l'enveloppe en ses replis, en assainit les fossés et va se répandre au loin dans l'immense vallée du nord.

La route coupe le parc en deux parties ; un parterre la sépare du château et la masque habilement, si bien que les rares passants, dont on ne voit guère que le buste, semblent gagés pour animer la vue du parterre.

Au delà de la route et derrière le château, le terrain qui s'élève en pente douce offre à la vue de grandes pelouses encadrées par de beaux arbres et animées par une cascade au centre d'un hémicycle de verdure. On peut monter au-dessus de la grotte, d'où s'élancent à travers les rochers les eaux écumeuses.

De tous côtés, des villages et des clochers, Chailly, Ermenonville, des étangs, des massifs bien distribués forment des perspectives nouvelles. Au sommet et vers la gauche d'un horizon prochain, le *Temple*, ou la ruine factice d'un temple circulaire, dresse sa colonnade au milieu d'essences variées. Du pied de ce sanctuaire, qui fait songer aux *templa serena* de Lucrèce, de nouveaux points de vue se découvrent : à gauche au milieu d'un vaste lac aux eaux dormantes, s'allonge l'île des Peupliers; on voit le cénotaphe antique dessiné par P. Robert, où demeurèrent quelque temps les cendres de Rousseau. (On sait que, sous prétexte de Panthéon, le corps a été enlevé et a disparu.) Dans une autre île fut placée la pierre sépulcrale du peintre Meyer, mort à Ermenonville. Ces simples monuments dépassent de bien loin l'effet que peuvent produire les fabriques vulgaires; on sent qu'ils ont servi, et quelque chose d'humain se mêle à cette solitude mélancolique. A quelque distance, sous un bois, se cache encore la tombe négligée d'un inconnu. Sur la droite, derrière de grands rideaux de verdure, la maisonnette du philosophe, chaumière pieusement entretenue dans un état de ruine apparente, occupe le haut d'une île de sable, au milieu de pins et de mélèzes, dominant le *Désert* célèbre, où pullulent les lièvres. Au pied de la cabane et vers le bord du lac est un amas de rochers où l'on s'est plu à rappeler le souvenir des rochers de Meillerie (Suisse). Rien ne ressemble plus à certains sites de Fontainebleau que le désert d'Ermenonville : grès, bruyères arides, sable et bouquets de genévriers ; ici la nature a tout fait, et le dessinateur n'a d'autre mérite que d'avoir compris la valeur du contraste.

Pour parvenir aisément à la partie déserte, il faut prendre la pelouse du midi qui mène à la Forêt, où l'on rencontre quelques allées sinueuses sur la droite, qui conduisent au haut d'une pelouse sèche et mousseuse ; de là l'on découvre le pays sauvage. Un grand lac enfermé dans un bassin formé par un cercle de montagnes entrecoupées de gorges profondes, couvertes de bruyères et de massifs de toutes sortes d'arbres, parmi lesquels se font remarquer de superbes genévriers d'espèce et de grosseur peu communes, dont les branches et les tiges s'élèvent, rampent et se courbent en tout sens, donne un centre à ce grand tableau. Derrière une de ces montagnes, qui s'abaisse avec rapidité, on aperçoit l'église et l'abbaye de Chailly et une échappée au delà. La pente douce et la charmante pelouse que présente le coteau engagent à descendre jusqu'au lac qui en baigne le pied. La forme, les plantations, les bords de cette vaste pièce d'eau sont fortement contrastés. D'un côté la croupe d'une haute montagne, couverte de gros rochers entassés hardiment les uns sur les autres, fait une pointe qui s'avance fièrement jusqu'au lac et ne laisse qu'un passage étroit entre elle et l'eau. A la rive opposée, un monticule isolé et d'une pente assez rapide, tout planté de bois depuis le pied jusqu'au sommet, fait une saillie circulaire qui se prolonge dans le lac et le force d'en suivre le contour. Le grand mouvement des hauteurs qui l'environnent, la triste bruyère dont presque tout le sol est couvert, le vert obscur des aulnes qui croissent sur une partie de ses rives, les joncs et les roseaux qui en occupent d'autres, en se peignant dans ses eaux, les brunissent. Tous ces alentours jettent sur le tableau une teinte sombre et lui impriment un caractère si opposé à celui des deux vallées, qu'on croit en être séparé par un espace immense. Ces deux sites se touchent, un moment suffit pour passer de l'un à l'autre ; mais par leur position, l'œil ne saurait les apercevoir ensemble que de quelques points, d'où jamais ils ne se nuisent. Au delà du lac du Désert, le terrain tourmenté, bouleversé, marécageux et sablonneux tour à tour, va joindre des

montagnes hautes et sauvages, à peine vêtues de
légers bouleaux, ou de petites collines vertes
entre lesquelles des rochers parsemés de bruyères
se pressent en de petits vallons frais. Il est doux,
après avoir joui de ce beau désordre, auquel l'art
n'a rien ajouté, de revenir par la vallée du nord,
si grande aussi, mais d'une grandeur si tranquille
et si familière.

La façade antérieure du château jouit d'une
perspective aussi ouverte, aussi étendue que l'autre est relativement bornée par les collines prochaines. Il y a là encore un contraste bien entendu. La rivière, partant des fossés, serpente à
perte de vue dans une prairie qui rappelle, sauf
la régularité, et qui surpasse en fraîcheur le fameux tapis vert de Versailles. Des groupes d'arbres savamment disposés encadrent la prairie et
rompent à l'horizon les lignes monotones des plaines. C'est par là que sont les îles, le moulin, les
massifs d'aulnes, les deux vues du village de
Chailly et de Mont-Épiloy. La rive droite de la rivière est bordée d'arbres gigantesques épandant et
mirant leur ombre dans une eau transparente ;
on ne peut dire les précautions minutieuses qui
sont prises chaque jour pour conserver la limpi-
dité de l'eau. Des vannes, qu'on ne lève qu'à la
tombée de la nuit, sont chargées de retenir et de
cacher aux yeux les impuretés qui pourraient dé-
parer la rivière et en obscurcir le cristal.

Ce parc immense, cette création princière est religieusement entretenue par les descendants du fondateur; il y a bien quelque part un grand lac que l'on cultive, mais les levées et les vannes sont intactes, et les eaux peuvent y être amenées. Ce n'est que par une abnégation qui trouve en des souvenirs sacrés sa force et sa récompense qu'un particulier peut conserver Ermenonville dans sa beauté première, en présence des tentations d'un morcellement qui quadruplerait sa fortune. Espérons qu'un noble esprit de famille, animant longtemps encore les descendants du marquis de Girardin, gardera pour la postérité ce modèle varié, gracieux, mélancolique, imposant tour à tour, et qui ne sera pas dépassé.

Dans la classification des jardins paysagistes, Ermenonville réalise l'idéal du Pays. Guiscard est par excellence un Parc, plus arrangé, moins scrupuleux à ne point contrarier ou modifier la nature; il ne craint point de laisser deviner qu'il est une production de l'art.

L'ancien parc était régulier. « En face du château, dit Morel, qui éprouva une vive jouissance à défaire ce petit Versailles, il y avait une avenue par où l'on ne venait jamais; elle devait son existence non au besoin, mais à l'usage qui voulait qu'une longue allée d'arbres dirigée sur le milieu du château lui fût essentielle, même lorsqu'elle était inutile. De droite et de gauche on avait planté des bosquets où toutes les ressources de la géométrie avaient été épuisées. » Des allées droites découpaient et perçaient les bois dans toutes sortes de directions. De hautes charmilles enveloppaient si exactement les massifs, qu'à l'exception de ces allées, le reste du parc, c'est-à-dire les cinq sixièmes, était absolument clos et interdit à la promenade. De grands et profonds fossés entouraient le château de miasmes malsains. Les eaux croupissaient dans de vastes bassins de forme régulière, sans écoulement, enfermés dans de raides talus. La perspective par trop simple et pauvre, écourtée par une pente qui venait en droite ligne sur le château, se terminait par un petit bout de ciel au fond d'une allée dans les bois.

Ces jardins qui, dans leur symétrie, réunissaient toutes les beautés du genre régulier avaient été plantés par le duc d'Aumont. Le propriétaire, voyant changer le goût, changea son parc. En cinq ans Morel eut fait disparaître tout ce qui pouvait sentir la ligne droite, le contour factice, rendu aux bois leur liberté, aux sentiers leur caprice, au terrain partout la pente naturelle. Il avoue que sa tâche fut singulièrement facilitée par les plantations toutes venues de ses prédécesseurs, et par un accroissement de territoire qui doubla l'étendue de Guiscard.

Le parc présente au premier coup d'œil trois

grandes parties dont l'ensemble est imposant : une vaste pelouse, en face du château, un très grand lac qui en baigne les bords et des bois considérables qui la terminent. Jadis placé dans le plus bas du terrain, le château, par la manière dont les pentes ont été dirigées, paraît situé à mi-côte; il domine le parc au couchant, et jouit de la vue de la pelouse, des bois et d'un coin du grand lac, au delà duquel des plantations, sur la rive opposée, s'ouvrent pour laisser voir une jolie vallée.

Le château, en partie de briques, mieux entendu que celui d'Ermenonville, se lie assez bien avec le paysage; présentant un de ses angles sur les jardins, il est peu de places d'où l'on ne découvre deux de ses faces. La grande pelouse qui l'enveloppe lui vient par une descente insensible et s'en éloigne plus mollement encore pour aller mourir aux bords du lac. Au couchant un joli ruisseau sort d'un bassin irrégulier, suit les sinuosités d'un petit vallon compris dans la grande pelouse et va se jeter dans le lac.

Les plantations et les promenades à l'ombre sont distribuées autour de la pelouse et commencent immédiatement aux deux flancs du château. Plus près de l'habitation on a rassemblé tout ce que le règne végétal a de plus riant, les arbres et les arbustes à fruit et à fleur dont le vent frais du matin lui apporte les parfums. De brusques ressauts dans les lignes boisées, de forts et épais massifs de tilleuls, interrompus, prolongés, fondus avec des taillis légers, contournent la pelouse du midi et dessinent nettement leurs ombres sur le gazon fin. Des arbres isolés, des groupes, semblent composés par un peintre, c'est le tableau du poète :

> De grands hêtres touffus, droits, forts comme des tours,
> Sur l'immobile appui de leurs colonnes grises
> Portent le voile épais que balancent les brises
> Entre l'obscur chemin et l'ardeur des beaux jours.
>
> Au loin, sous les arceaux de la noble futaie,
> Paraît, développant ses muscles presque humains,
> L'yeuse au noir feuillage, arbre des parcs romains,
> Que l'argent des bouleaux par intervalle égaie.
>
> Un groupe aux beaux contours s'écrie : « En nous touchant
> Poussin nous a donné la noblesse et la force ;
> Le pinceau de Ruysdal a poli notre écorce ;
> Claude nous a baignés dans le soleil couchant. »

Ailleurs, c'est un immense quinconce, plein de jour et d'air, qui dissimule une large route sur le côté droit de la pelouse occidentale ; puis une antique allée d'ormes, qui terminait l'ancien parc, une vallée couverte de saules, au delà du lac, et qui se prolonge jusqu'à une colline boisée en dehors de l'enceinte du parc.

Les jets d'eau de l'ancien parterre, tirés à grands frais de sources lointaines, se sont évanouis ou plutôt sont revenus à leur allure première ; sous forme de ruisseau, ils accidentent les bois qui bordent la pelouse du midi, et traversent sous un pont rustique une Route-Verte aux larges sinuosités. Au bout de la route est une vieille futaie percée d'allées droites d'où l'on débouche sur une croupe avancée. Sur la gauche du coteau, la perspective change, les montagnes se rapprochent et enferment l'horizon dans un sombre hémicycle. Aux environs, comprises dans le domaine, une ferme agricole et une ferme pastorale rustique répandent leurs sillons et leurs prés émaillés de bestiaux.

Il faut noter en passant un précieux avantage de Guiscard. Bien peu de ses ornements ne sont pas un objet de revenu. La grande pelouse est une très bonne prairie; tous les taillis sont en coupes réglées; les eaux sont empoissonnées; il y a dans le bois de vastes pâtures propres à nourrir nombre de bestiaux et à faire des élèves qu'on peut nommer les jardiniers des pelouses : car en les tondant ils les renouvellent. Le parc est d'un modique entretien, puisqu'on en a exclu les arbres taillés, les fleurs délicates, les eaux forcées, les murs de terrasse et de clôture.

Morel a tracé à Guiscard une piste pour les courses; il remarque lui-même que les anciens, si appréciateurs des exercices du corps, joignaient à leurs villas des Xystes pour la gymnastique et des hippodromes pour les luttes équestres. La piste ou carrière de Guiscard est entièrement liée aux jardins. Très variée dans les sites qu'elle parcourt, partout égale ou dessinée sur des pentes très douces, elle part du château, traverse la pelouse du midi, passe sur le pont de la Route-Verte, contourne le grand bois, joint la vieille futaie, descend vers le grand lac, remonte sur le coteau opposé, enfin revient au château par l'allée d'ormes, après avoir fourni une course de quatre kilomètres.

Tant d'agréments réunis dans ce parc très simple et d'une beauté tempérée en font un modèle pour tous les domaines qui se croiraient déshérités, pour être dépourvus d'accidents singuliers et d'effets extraordinaires, tels que rochers imposants, étonnantes chutes d'eau, brusques ravines.

Les jardins du petit Trianon sont comme un diminutif, un échantillon de Kew ou de Stowe; on y trouve tout le mobilier de rigueur : laiterie, hameau, temple de l'amour, salon de musique où du déjeuner, deux lacs, le tout de l'invention de l'architecte Micque. On sait que Marie-Antoinette se plaisait à y faire la fermière de Boucher ; ces petites paysanneries raffinées étaient fort à la mode à la veille de la Révolution. Le véritable ornement de Trianon est sa végétation et les arbres rares qui y ont prospéré; le cyprès *chauve* de la Louisiane y étend les renflements de ses racines envahissantes; les pins de l'Amérique du Nord y atteignent presque leurs dimensions natives : diverses espèces de chênes et surtout le chêne *à feuilles de saule*, s'y élèvent jusqu'à trente mètres de hauteur. Les grands alignements de Versailles donnent une singulière valeur aux libres verdures de ce petit coin de terre.

En 1850, M. Charpentier, jardinier de Trianon, a créé près de l'orangerie un charmant *Jardin des fleurs* où l'on admire des collections de rhododendrons et d'azalées.

Nous citerons encore, parmi les jardins anglais ou mixtes, la villa Pallavicini, à Pegli (deux lieues et demie de Gênes), composition moderne d'une richesse folle et d'un mauvais goût délirant où se marient tous les styles et toutes les fantaisies ; l'art turc y est représenté par un kiosque voisin d'un obélisque égyptien ; le moyen âge y rêve sous l'arcade d'un pont gothique où s'encadrent une brillante vue de la Méditerranée, la plus païenne des mers. La mythologie, qui est si bien à sa place dans les jardins classiques, jure ici avec une grotte, genre anglais, chèrement bâtie, de véritables stalactites ; Flore, en sortant de son temple ionique, peut s'asseoir sur des coussins en porcelaine du Japon ; Vénus, si elle abandonne un moment ses petits sanctuaires en marbre blanc de Carrare, risque de rencontrer la chapelle de quelque saint. L'une des moins agréables inventions de la Renaissance a été reproduite sous un berceau que nous conseillons d'éviter. A peine y a-t-on fait quelques pas qu'une pluie d'eau tombe de tous côtés, transperçant le voyageur malavisé. Cette plaisanterie, dont le président de Brosses aurait ri, n'est plus de notre temps ni de notre goût.

Bien que la villa Pallavicini soit avant tout une curiosité singulière et de beauté douteuse, on ne peut méconnaître son admirable situation au-dessus du golfe de Gênes, la pureté de son lac et de ses eaux jaillissantes. Sur un coteau aride où l'on ne voyait naguère que de maigres vignobles et des plantations de pins, se déploie aujourd'hui un vaste parc aux magnifiques ombrages, aux fabriques somptueuses. Voilà de quoi faire oublier un certain nombre de bizarreries et de colifichets disparates.

Les bois de Boulogne et de Vincennes, auxquels nous consacrons nos dernières lignes, auraient paru bien simples et bien nus aux architectes paysagers du dernier siècle ; les fabriques d'ornement y sont rares et pauvres ; et c'est à peine si l'on peut les compter parmi les parcs, malgré leurs grandes allées sinueuses et leurs lacs peuplés d'oiseaux de toutes couleurs. C'est le dernier effort du style anglais pour dissimuler les traces du travail humain sous la liberté des ombrages et la simplicité de la nature. L'artifice ne se trahit que dans les cascades du bois de Boulogne, trop peu importantes pour une si vaste étendue, et dont les escarpements ne sont annoncés en aucune façon par la platitude d'un terrain sablonneux. Elles sont construites avec soin, leurs rochers sont authentiques ; mais, quelque soit leur mérite propre, elles ne sont point à leur place. Le sol tourmenté des Buttes-Chaumont les motivera davantage. Quoi qu'il en soit, il faut savoir gré à d'habiles ingénieurs qui se sont montrés dessinateurs pleins de souplesse et d'invention, d'avoir embelli le voisinage de Paris et fourni à notre population les promenades qu'elle enviait à Londres.

Comme lieu de plaisance, le bois de Boulogne date de François Ier, qui en régularisa l'enceinte, y fit des plantations et le peupla de cerfs et de chevreuils qui ont disparu vers 1795 ; ils ont repris leur liberté. C'est sous François Ier que s'éleva le magnifique palais de Madrid, tout éclatant de ses faïences émaillées, l'une des merveilles de la Renaissance dont l'art déplorera à jamais la perte. Madrid, entouré par Henri IV de quinze mille plants de mûriers, donné en apanage à Marguerite de Valois, qui laissa son nom à l'une des allées du bois, fréquenté par Louis XIII, dédaigné par Louis XIV, abandonné pour la Muette par Louis XV, se vit éclipsé par les châteaux de Bagatelle, de Neuilly, de Boulogne, de Maurepas, de Saint-James. Toutes ces demeures seigneuriales étaient entourées de grands parcs, orgueil des financiers et des princes. C'est là que MM. Helvétius et de Boufflers rassemblaient, dans leurs salons célèbres, tout l'esprit et toute la science française, les Tressan, les Narbonne, les Ségur, Voltaire, Montesquieu, d'Alembert, Diderot, Turgot, J.-J. Rousseau, puis Cabanis, Condorcet, d'Holbach, Helvétius, tous les maîtres de l'Encyclopédie, et les promoteurs des idées nouvelles.

« Le séjour préféré de l'intelligence était aussi, dit M. Lobet, celui de la mode et des plaisirs élégants. Les premières courses de chevaux organisées en France eurent le bois de Boulogne pour théâtre, en 1776. A cette époque, les grands seigneurs faisaient courir, non pour améliorer le cheval français, « vain et stérile prétexte de folles dissipations, » mais pour faire diversion aux plaisirs de la cour. Le bois vit aussi la première ascension aérostatique de Pilatre du Rosier, qui paya de la vie une seconde tentative. La mode, chaque printemps, rendait à la fameuse promenade de Longchamp ses arrêts éphémères. C'est là enfin, sur la pelouse du brillant village de Passy, si célèbre alors par ses eaux thermales, que les grands seigneurs, les danseuses et les royautés financières du temps venaient déployer le luxe de leur maison et appeler sur leur opulence les regards d'une foule déjà frémissante. » On voit que la destination du bois de Boulogne n'a guère changé. Il a eu des emplois plus utiles. C'est à la Porte-Maillot que Parmentier obtint de semer les premières pommes de terre.

Après la tempête grandiose qui accompagna la naissance du monde moderne, de 1789 à 1795, les Parisiens retrouvèrent leur promenade favorite affreusement dévastée; plus de château de Madrid, une bande noire l'avait démoli; plus de futaie : il avait fallu chauffer Paris; plus de gibier : on l'avait mangé ou épouvanté. L'abandon et l'aridité firent leur demeure de ce sol naturellement ingrat et sablonneux, des voleurs s'y établirent, gens amis de la solitude, et les plus grandes allées furent mal sûres. Napoléon Ier, traversant chaque jour ce lieu désolé pour se rendre à Saint-Cloud, rêva d'en faire un grand parc pour le palais du Roi de Rome, qu'il faisait bâtir sur les hauteurs de Chaillot. Puis vinrent les invasions de 1814 et 1815, les dévastations des Anglais, campés entre le Ranelagh et la Porte-Maillot. Les beaux chênes de François Ier soutinrent des baraques de soldats. Le bois était trop peuplé alors. Le pavillon d'Armenonville servait de quartier général aux Hanovriens ; Wellington occupait les châteaux de Saint-James et de Neuilly; le camp russe était établi à Madrid.

L'œuvre de régénération du Bois fut longue et difficile. Des acacias, des marronniers, arbres à la croissance rapide, à la verdure précoce, des sycomores, des érables, des sapins, de chênes verts du Chili remplacèrent peu à peu les arbres centenaires abattus par la hache ennemie; il fallut vingt ans pour qu'un peu d'herbe couvrit le sable, pour qu'un peu d'ombre rafraîchit le sol nu. Du gibier il ne restait que les lapins, indestructibles hôtes que l'on pourchasse en vain. Au temps de Louis-Philippe, les Parisiens avaient repris l'habitude de fréquenter Boulogne et Auteuil.

1848 faillit détruire une troisième fois ces malheureuses plantations. Les fureurs d'une populace idiote, écartée de Paris par le vrai peuple, qui faisait bonne garde, tombèrent sur Neuilly, Villiers, Asnières, Puteaux, Suresnes; il y eut là des incendies qui, durant toute la nuit du 25 au 26 février, reflétèrent sur l'horizon parisien les lueurs les plus sinistres.

Repris en 48 à la liste civile pour être réintégré dans le domaine national, il fut, en juin 1852, cédé à la ville de Paris, qui se chargea de le surveiller, de l'entretenir et d'y dépenser deux millions en quatre ans. On sait ce que ces travaux ont produit, et nous nous plaisons à dire qu'il ne faut pas les regretter, bien qu'à notre sens le sol de la plus grande partie du bois de Boulogne, par sa platitude et sa stérilité, doive être longtemps rebelle à la culture intelligente de ses nouveaux maîtres.

Le nouveau Bois a subi, très récemment, quelques modifications territoriales qu'il est bon de mentionner. Il a, sur certains points, fort diminué, et s'est agrandi sur d'autres. Ainsi aux hameaux de Madrid, de Saint-James, il faut maintenant ajouter ceux de Sablonville, près de Neuilly, de la Villa Montmorency, près du chemin de fer, de la Retraite, aux environs de la Porte des Princes, et le nouveau village de l'Alma entre la villa de Montmorency et la Retraite. Les fortifications ont aussi notablement entamé les beaux quinconces du Ranelagh et la pelouse de Passy. En revanche, les enclos de Madrid, de Saint-James, de Bagatelle rentrent ou rentreront dans le domaine de la ville. Le hameau de Longchamp disparaît et déjà son emplacement se reboise. En somme le grand parc des Parisiens, quoique notablement réduit, est d'une étendue largement suffisante. « A l'ouest et à l'est, la Seine et les bastions du mur d'enceinte le défendent contre les empiétements de la propriété privée. Au nord et au midi, il est entouré par des boulevards, qui vont être bordés de maisons monumentales. Lorsque, dans un temps peu éloigné, Paris aura absorbé les grands villages d'Auteuil, de Neuilly et de Boulogne, le Bois au moins animera de sa masse verdoyante ces arrondissements nouveaux. » (1862)

Il n'entre pas dans le plan de cet ouvrage de servir de guide et d'itinéraire. Nous nous bornerons donc à indiquer les sites les plus fréquentés ou les plus agréables du moderne bois de Boulogne. C'est d'abord la magnifique Avenue de l'Impératrice, longue de 1400 mètres, large de 140, si l'on y comprend les pelouses latérales qui font partie de la décoration, puis les riches pelouses du Parc aux daims, le beau jardin fleuri de la Muette, faible reste des dépendances du château royal si cher à Louis XV; Bagatelle, avec son belvédère, d'un gothique renaissance, et son parc anglais, véritable œuvre d'art, conçue par le dessinateur Bellanger, tandis que Carmontelle plantait Monceaux. Le Rond des chênes, voisin de la Mare d'Auteuil, est l'un des plus beaux restes des plantations de François Ier; les arbres séculaires, échappés à la cognée des Prussiens, s'élèvent, mutilés par la foudre, mais répandant encore sur les gourmets de la promenade un calme, une fraîcheur qui rappellent les plus nobles futaies de Fontainebleau.

La foule hante surtout les grandes routes poudreuses qui contournent les grands lacs, les îles à friture et la butte de Mortemart, monticule assez mesquin, couronné d'un petit cèdre, mais d'où le regard s'étend au loin sur les coteaux de Bellevue, Meudon, Issy, Vanves, Saint-Cloud, le Mont-Valérien et, tout au fond en lignes grisâtres, Écouen et Montmorency. Nous avons déjà dit un mot des Cascades, qui sont convenables et rien de plus. Le pré Catelan, le grand hippodrome appartiennent à la chorégraphie et au sport. Dans l'un on consommait des liqueurs et des boissons, dans l'autre on voit couvrir d'or des chevaux trop maigres, tandis que de pauvres gens manquent de pain. Nous nous sommes toujours demandé, pour notre part, à quoi pouvaient servir les cent mille francs des grands prix impériaux? triste emploi de la fortune publique! Mais il vaut mieux dire quelques mots du Jardin d'acclimatation, dont les fondateurs cherchent à accroître le nombre des serviteurs de l'homme. C'est une enclave elliptique située entre les Sablons et Madrid, et dont le centre est arrosé dans toute sa longueur par une rivière et par des bassins où s'ébattent les oiseaux les plus variés, les plus riches; des poules, des cicognes, des cygnes, des cerfs et des daims, en grand nombre, des hémiones, que M. Isidore Geoffroy Saint-Hilaire avait habituées au harnais, peuplent de toutes parts des pavillons et des enclos élégants. On vante à bon droit la magnanerie où sont réunis les vers à soie du mûrier et de l'ailante. Quant à l'Aquarium, charmant en lui-même, il n'est rien si on le compare à ce que l'Angleterre exécute en ce genre. Les serres méritent une visite attentive. Enfin, lorsque les arbres seront complètement poussés et que l'entrée cessera d'être payante, le Jardin d'acclimatation sera presque aussi fréquenté que le vieux Jardin des plantes, mais sans pouvoir rien opposer aux grandes avenues ombreuses qui joignent le muséum au quai d'Austerlitz. L'inauguration du jardin zoologique ne remonte qu'à 1860 (6 octobre). Le plan et les fabriques ont été dessinés par M. Davioud. La conception générale et la décoration du nouveau bois de Boulogne sont dues à MM. Varé, petit-fils de l'habile jardiniste Bost-Marcellin, Barillet-Deschamps et Alphand, ingénieur en chef des promenades parisiennes.

Plus étonnante encore et mieux réussie, soit que la nature y fût plus maniable, soit que les yeux soient plus frappés de ce qu'ils voient plus rarement, est la transformation du bois de Vincennes, par MM. Vicaire et Bassompierre. Depuis le douzième siècle les rois chassaient à Vincennes; les Parisiens ne commencèrent à le fréquenter qu'au dix-huitième siècle, et Louis XV, « pour leur rendre la promenade plus agréable » fit abattre et replanter le bois en 1731. Mais quiconque a vu ces pauvres futaies, ces maigres terrains émaillés d'uniformes, avant ces dernières années, n'a pu les comparer aux sites délicieux de Meudon et de Bellevue. Eh bien, par un art merveilleux, en moins de dix-huit mois, au milieu d'arides taillis où l'on ne voyait pas une goutte d'eau, des rivières coulèrent, des lacs répandirent la fraîcheur et nourrirent sur leurs bords les gazons les plus drus et les plus appétissants. On ouvrit des routes sinueuses, on dégagea les beaux arbres qui ne manquaient pas, mais que dérobaient aux yeux des massifs informes. Quoi de plus charmant que les alentours du petit lac de Saint-Mandé, établi dans une dépression de terrain où se rassemblaient des eaux croupies et des émanations pestilentielles? Si le lac de Saint-Mandé a remplacé un égout, celui des Minimes a pris la place de plusieurs couvents qui se succédèrent en ce lieu de 1164 à 1787. Le site ne se sent pas de cette longue occupation monastique ; il est frais, vert, animé par deux îles à chalet où sont établis des restaurants. A l'ouest, une riche pelouse laisse voir entre les marronniers tout le champ de manœuvres, la pyramide de Louis XV et le polygone de l'artillerie. Un ruisseau où s'écoule le trop-plein de la mare de Nogent vient tomber en cascades dans le lac, de concert avec le ruisseau des Minimes qui descend de Gravelle, et dont le cours traverse le bois, y semant, sur plus d'un kilomètre, de jolies petites îles ombragées.

Le lac de Gravelle domine tout le bois; il est à quarante mètres au-dessus de la Marne, à vingt-cinq au-dessus de Saint-Mandé, à quatorze au-dessus des Minimes. C'est un vaste réservoir bitumé et bétonné où deux puissantes turbines amènent et maintiennent vingt mille mètres cubes d'eau, qui alimentent le ruisseau et le lac des Minimes. Dans le voisinage, à deux minutes environ, le rond-point de Gravelle offre un panorama superbe où la Marne et ses îles, la Seine et sa vaste vallée, le confluent

Cascade du grand lac, à Vincennes.

des deux rivières, le champ de manœuvres et les cimes des bois, çà et là coupés par des pelouses mates ou éclatantes, selon l'heure du jour, semblent s'arranger toujours, comme disait Fénelon, à souhait pour le plaisir des yeux. On travaille à un quatrième lac, le plus grand de tous, qui occupera vingt hectares et comprendra deux îles, sur un terrain aujourd'hui désert, entre Saint-Mandé, Picpus et Charenton. Le Bois de Vincennes mesure environ mille à douze cents hectares de superficie, selon qu'on y comprend ou qu'on en exclut les terrains destinés aux manœuvres militaires. Il est entouré de murs sur une longueur de seize kilomètres au moins.

Cet immense parc sylvestre, l'un des plus beaux sans doute et des plus simples qui existent au monde, n'est point promis à de si brillantes destinées que son confrère et son pendant le bois de Boulogne. Très éloigné du centre de Paris, il n'en gardera que plus de fraîcheur et de beautés imprévues. Nous le recommandons à tous ceux qui cherchent et qui aiment la nature à demi solitaire. Mais, redisons-le en terminant, après Vincennes, l'ère des grands parcs ornés est définitivement close; il n'y a plus que des jardins de médiocre étendue, quelques massifs de fleurs au pied des arbres, ou bien des bois simplement arrangés pour la commodité du public. A force d'abdiquer devant la nature, prenons garde de nous annihiler tout à fait. Croyez-vous que des jardins comme Panfili, Aldobrandini ou Chantilly seraient déplacés aux portes de Paris? Les Buttes-Chaumont, si accidentées, si admirablement disposées par la nature, auraient pu du moins inspirer quelque riche fantaisie, quelques terrasses, quelques fontaines, à nos modernes jardiniers, et relier tout à la fois notre art à ceux de Le Nôtre et de Morel.

Lac de Morfontaine.

TABLE DES GRAVURES

	Pages.
Le Verger d'Alcinoüs.	5
Jardin antique dans l'Archipel grec.	9
Jardin antique en Égypte.	27
(Égypte ancienne.) Arrosage.	31
Tivoli.	35
La villa de Pline (Toscane).	51
L'Alhambra. Porte du Jugement.	65
La Baumette, jardin du roi René.	77
L'Alhambra. Porte des Abencérages.	83
Chapoltépec.	91
Fontainebleau. Jardin de Diane.	95
La villa Borghèse.	109
Fontainebleau. Cour des Fontaines, vue du Jardin anglais.	119
Versailles. Bassin de Flore.	131
La villa Panfili, à Rome, par Le Nôtre.	153
Le grand canal (Fontainebleau).	156
Jardins de Lahore.	159
Villa Albani. Entrée de la salle de billard.	161
Une sakieh, à Choubrah.	189
Pont chinois.	194
Porte chinoise.	199
Twickenham, près Londres.	207
Pavillon à Kew.	245
A Java.	260
Chalet du bois de Boulogne.	263
Sans-Souci.	265
Cascade du grand lac, à Vincennes.	305
Lac de Morfontaine.	308

FIN DE LA TABLE DES GRAVURES.

TABLE DES MATIÈRES

CHAPITRE PREMIER.

LA GRÈCE ANTIQUE ET L'ORIENT.

                                                                                  Pages.

I. Vergers d'Alcinoüs et de Laërte. — Bois sacré de Diane. Jardins d'Épicure. — Daphnis et Chloé. — Antioche. — Leucippe et Clitophon. 3

II. Assyrie. Jardins suspendus de Babylone. — Judée. — Médie et Perse. Inde. — Jardins de l'Égypte et de la Chine; le philosophe Meng-tseu. 15

CHAPITRE SECOND.

VILLAS DES ROMAINS.

I. Cicéron à Tusculum, — Horace à Tibur. — Varron à Casinum, — Le Tibur de Vopiscus. Pline à Laurente et dans l'Apennin. 35

II. Villa Adriana. 55

CHAPITRE TROISIÈME.

JARDINS DU MOYEN AGE.

I. Résidence des empereurs byzantins. — Childebert aux Thermes. — Jardins de saint Louis et de Charles V. — Le *Lai de l'Oiselet* et le *Roman de la Rose;* Boccace. — Jardins du roi René. 5

II. Les Arabes à Palerme, à Valence, à Cordoue, à Séville et à Grenade; l'Alhambra et le Généralife. — Le jardin de Ssema-Kouang. — Les villas de Netzahualcoyotl et de Montézuma; Tezcotzinco, Chapoltépec; jardins flottants de Mexico.. 81

CHAPITRE QUATRIÈME.

LA RENAISSANCE.

I. *Jardin délectable* de Bernard de Palissy. — Boboli à Florence. — Frascati; villas Mondragone, Aldobrandini. — Tivoli, villa d'Este. — Villa Borghèse. — Villa du pape Jules II. Jardins du Belvédère et du Quirinal................ 95

II. Anet, Gaillon, Fontainebleau. — Seconde Renaissance sous Henri IV : Parterres des Tuileries, de Saint-Germain, du Luxembourg. — Éloge du buis, par Olivier de Serres. — Rueil... 115

CHAPITRE CINQUIÈME.

LE NOTRE.

I. Le style régulier. — Versailles, Trianon, Marly, Chantilly, Saint-Cloud, Meudon, Sceaux. — Villa Panfili........ 131

CHAPITRE SIXIÈME.

JARDINS CLASSIQUES.

I. Villa Albani. — Caserte. — *Villa Reale.* — Schœnbrunn et Napoléon. — Plaisanterie de Pope. — *Moor-Park.* ..

II. Alamédas espagnoles. Cadix, Séville, Grenade. — l'Escurial, Aranjuez, Saint-Ildefonse, *Buen-Retiro.* — *Passeios* de Lisbonne; jardins de la Penha et de Santa-Cruz. — Plantations à Cuba................................... 169

III. Fleurs de la Perse ; la Grande Avenue et les Mille Arpents à Ispahan. — Jardins du Sérail. Cimetières turcs. — Scutari. — Choubrah. — Jardins du Grand Mogol et du roi de Lahore. — Parc du temple du Ciel à Pékin. — Le palais de la Mer sereine 179

CHAPITRE SEPTIÈME.

JARDINS ANGLO-CHINOIS

I. Bacon dessinateur de jardins ; l'Éden de Milton ; idées d'Addison et de Pope. Twickenham — Théorie de Walpole. — Kent et Brown. — Blenheim. Stowe. 199
II. Jardins des bonzeries chinoises. — Le Palais d'été des empereurs chinois. — Yédo. Les jardins au Japon. 227
III. Kew. — Parcs de Londres et squares ; Kensington : Saint-James ; Hyde-Park ; Regent's-Park. — *Botanic-Garden* de Calcutta ; Barrackpour, domaine du gouverneur général de l'Inde. — Pagodes à Siam. — Parc des rois de Ceylan. — Buitenzorg, à Java. — Bois de la Haye ; bois et jardins de Harlem. 243

CHAPITRE HUITIÈME.

JARDINS PAYSAGERS EN ALLEMAGNE ET EN FRANCE.

I. Berlin, Potsdam, Sans-Souci. — Schœnbrunn ; *Hofgarten* de Vienne ; Laxenbourg ; Lundenbourg. — Munich, Nymphenbourg. — Wœrlitz Wilhelmshœhe — Russie : Tzarskoë-Sélo. 263
II. Énumération. Morfontaine, Guiscard, Ermenonville, types des jardins paysagers en France. — Le petit Trianon. — Villa Pallavicini. — Boulogne et Vincennes. 275

FIN DE LA TABLE.

5663. — PARIS, IMPRIMERIE A. LAHURE
9, rue de Fleurus, 9

BIBLIOTHÈQUE DES MERVEILLES

Chaque vol. in-16, broché 1 fr.; cartonné percaline 2 fr.

André (J.). *Les fourmis.*
Augé (L.) *Les tombeaux.*
— *Les spectacles antiques.*
— *Le forum.*
Badin (A.). *Grottes et cavernes*
Baille (J.). *Merveilles de l'électricité.*
— *Production de l'électricité*
Bernard (Fr.). *Les fêtes célèbres.*
Bocquillon (H.). *La vie des plantes.*
Bouant (E.). *Les grands froids.*
— *Le feu.*
Bouchot. *Jacques Callot, sa vie, son œuvre.*
Brévans (de). *La migration des oiseaux*
Capus (G.). *L'œuf.*
— *Le toit du monde.*
Castel (A.). *Les tapisseries.*
Cazin (A.). *La chaleur.*
— *Les forces physiques.*
— *L'étincelle électrique.*
Collignon (E.). *Les machines.*
Colomb (G.). *La musique.*
Deharme (E.). *La locomotion.*
Deherrypon. *Merveilles de la chimie.*
Deleveau. *La matière.*
Demoulin (M.). *Les paquebots.*
Depping (H.). *La force et l'adresse.*
Dieulafait. *Diamants.*
Dubief (E.). *Le journalisme.*
Du Moncel (le comte). *Le téléphone.*
Du Moncel et Géraldy. *L'électricité comme force motrice.*
Duplessis. *Merveilles de la gravure.*
Fonvielle (W. de). *Éclairs et tonnerre.*
— *Les atomes.*
— *Le pétrole.*
— *Le pôle sud.*
Foveau de Courmelles. *L'hypnotisme.*
Garnier (E.). *Les nains et les géants.*
Gazeau (A.). *Les bouffons.*
Girard (J.). *Les plantes au microscope.*
Girard (M.). *Métamorphoses des insectes.*
Graffigny (H. de). *Les moteurs.*
Guignet. *Les couleurs.*
Guillemin (A.). *Les chemins de fer. 2 vol.*
— *La vapeur.*
Hanotaux (G.). *Les villes retrouvées.*
Hélène (M.). *Les galeries souterraines.*
— *La poudre à canon.*
— *Le bronze.*
Hennebert (J.). *Les torpilles.*
— *L'artillerie.*
— *La guerre.*
Jacquemart. *La céramique* (Orient).
— *La céramique* (Occident).
Joly (H.). *L'imagination.*
Lacombe (P.). *Les armes et les armures.*
Laffitte (P.). *La parole.*
Landrin (A.). *Les plages de la France.*
— *Les monstres marins.*
— *Les inondations.*
Lanoye (F. de). *L'homme sauvage.*
Lasteyrie (F. de). *L'orfèvrerie.*

Lefebvre. *Le sel.*
Lefèvre. *Merveilles de l'architecture.*
— *Les parcs et les jardins.*
Le Pileur. *Merveilles du corps humain.*
Lesbazeilles (E.). *Les colosses.*
— *Le monde polaire.*
— *Les forêts.*
Lévêque (Ch.). *Harmonies providentielles.*
Maindron (M.). *Les papillons.*
Marion (F.) *Merveilles de l'optique.*
— *Merveilles de la végétation.*
Masson (M.). *Le dévouement.*
Mellion. *Le désert.*
Menant (J.). *Ninive et Babylone.*
Menault (E.). *L'intelligence des animaux.*
— *L'amour maternel chez les animaux.*
Merzy (F.). *L'hydraulique.*
Meunier (Mme). *L'écorce terrestre.*
— *Les sources.*
Meunier (V.). *Les grandes chasses.*
— *Les grandes pêches.*
Miles. *La bijouterie.*
Millet (F.). *Les fleuves et les ruisseaux.*
Moitessier. *L'air.*
— *La lumière.*
Molinier (A.). *Les manuscrits.*
— *L'émaillerie.*
Moynet. *L'envers du théâtre.*
Narjoux (F.). *Histoire d'un pont.*
Pérez (J.). *Les abeilles.*
Petit (M.). *Les sièges célèbres.*
— *Les grands incendies.*
— *Le courage civique.*
Portal et Graffigny. *L'horlogerie.*
Pottier. *Les statuettes de terre cuite.*
Radau (F.). *L'acoustique.*
— *Le magnétisme.*
Renard (L.). *Les phares.*
— *Merveilles de l'art naval.*
Renaud (A.). *L'héroïsme.*
Reynaud (J.). *Les minéraux usuels.*
Roy (J.). *L'an mille.*
Saglio. *Les maisons des hommes célèbres.*
Sauzay (A.). *La verrerie.*
Simonin (L.). *Le monde souterrain.*
— *L'or et l'argent.*
Sonrel (L.). *Le fond de la mer.*
Ternant. *Les télégraphes. 2 vol.*
Tissandier (G.). *L'eau.*
— *La houille.*
— *Les fossiles.*
— *La navigation aérienne.*
Verneau. *Enfance de l'humanité.*
Viardot (L.). *La peinture. 1 vol.*
— *La sculpture.*
Zurcher et Margollé. *Les ascensions.*
— *Les glaciers.*
— *Les météores.*
— *Volcans et tremblements de terre.*
— *Les naufrages célèbres.*
— *Trombes et cyclones.*
— *L'énergie morale.*

www.ingramcontent.com/pod-product-compliance
Lightning Source LLC
Chambersburg PA
CBHW071255160426
43196CB00009B/1295